3001
小松

はじめに

JR小松駅は2002（平成14）年11月18日に高架化され、在来線の東側は北陸新幹線敦賀延伸（2023年３月開業予定）の際に開業する新幹線駅の工事が急ピッチで進んでいる。その新幹線駅工事現場と東口ロータリーには、昭和の時代、北陸鉄道小松線小松駅と尾小屋鉄道新小松駅があった。

北陸鉄道小松線は、小松駅裏手の専用ホームから平坦な地形をほぼ一直線で進んで5.9km先の鵜川遊泉寺に至った。鵜川遊泉寺の奥の遊泉寺には銅山が栄えていた時期があり、明治後期から大正年間にかけては遊泉寺銅山専用鉄道が通じていた。大正末期にその専用鉄道の路盤を利用して小松から金名鉄道釜清水に至る白山電気鉄道（免許時は白山鉄道）が計画され、1929（昭和４）年５月15日に小松～遊泉寺（後の鵜川遊泉寺）間が開業した。開業区間以外にも免許区間はあったが、未開業のまま免許失効となり、後に小松電気鉄道に社名を変更した。戦時中に石川県下の中小私鉄は北陸鉄道に統合されていくが、小松電気鉄道は浅野川電気鉄道と共に統合に加わるのが遅れ、小松電気鉄道が北陸鉄道に事業譲渡を行ったのは1945（昭和20）年７月であった。

戦後は北陸鉄道小松線となり、能美線加賀佐野との接続が計画されたこともあったが実現には至

らず、終始、小松～鵜川遊泉寺間の運行であった。
北陸鉄道の鉄軌道の縮小は1950年代から始まり、1972（昭和47）年6月25日に能登線が廃止に至ると、石川総線、浅野川線と小松線のみとなった。北鉄の鉄軌道縮小の過程からすると遅くまで残った路線ではあった。これは、通学利用者が多かったことと、廃止時の代替バスが自社ではなく小松バス（旧尾小屋鉄道）であったことが要因に挙げられる。小松線の営業最終日は、能美線廃止後、金名線が休止期間中であった1986（昭和61）年5月31日であった。
そんな北陸鉄道小松線の姿を辿りたい。

鵜川遊泉寺を発車したばかりの小松行モハ1001＋サハ571＋サハ301の３輌編成が梯川(かけはしがわ)を渡る。始発駅から満員の乗客に驚かされる。
1962.5.28　鵜川遊泉寺—軽海　P：荻原二郎

1. 開業前史

(1) 遊泉寺銅山

遊泉寺鉱山は、梯川支流の仏大寺川沿いの銅山で、江戸時代中期の1772(安永元)年に開坑されたと伝えられる。加賀藩の所有になったのち1871(明治4)年に民間に払い下げられ、1902(明治35)年に土佐藩出身の竹内 綱(1840-1922)の経営となった。

竹内 綱は、土佐藩家老山内氏の家臣として宿毛で生まれ、戊辰戦争(1868-1869)では、山内氏理の嫡男・氏成と共に兵を率いて北越・奥羽各地を転戦した。1874(明治7)年、後藤像二郎主宰の蓬莱社から高島炭鉱(長崎県)の経営を任され成功を収めた(後に、三菱財閥の岩崎弥太郎に譲渡)。政治家としては板垣退助と共に自由党を組織し、1890(明治23)年の第1回衆議院議員総選挙で当選した。実業家としては唐津の芳谷炭鉱や茨城炭鉱を経営し、1903(明治36)年に朝鮮における鉄道事業の統合を実現させた。長男が遊泉寺銅山の経営に深く関わる明太郎(1860-1928)で、五男が後に内閣総理大臣となる吉田茂(1878-1967)であった。

竹内明太郎は、1908(明治41)年12月に能美郡鳥越村の大日川沿いに第一神子清水発電所を建設して運転を開始し、銅山内に建設した電気分銅所へ送電を行った。国立国会図書館には、「本邦鉱業一斑」～「本邦主要鉱山一覧」が保管されていて、遊泉寺銅山の生産量の推移等を辿ることができる(表1参照)。

これによると、1906(明治39)年に703,429斤(422t)・523人であった生産量と鉱山従業員は、1910(明治43)年に1,620,521斤(972t)・805人となった。鉱区面積は、竹内 綱買収当時は12万坪であったのが114万坪に拡大した。多数の鉱山関係従業員が従事すると、住宅のほかに商店が集まるようになり、大正初期の最盛期には従業員数は1,600人を数え、家族を含めると5,000人の人たちが住み、商店や郵便局、病院、小学校などが軒を並べる鉱山町が形成された。

鉱山所有者は1907(明治40)年5月に芳谷炭鉱、1910(明治43)年1月に外村宗治郎(芳谷炭鉱において竹内との共同経営者)、1915(大正4)年12月に竹内親子が経営する竹内鉱業(1911年に芳谷炭鉱から社名変更)に移った。

1914(大正3)年の本邦主要鉱山一覧(農商務省鉱山局編)の遊泉寺銅山(石川縣能美郡國腐村大字遊泉寺、鑛業権者　外村宗治郎)での沿革を記すと

「發見ノ年代ハ舊記ノ徴スヘキモノナキヲ以テ之ヲ詳知スルニ由ナシト雖モ今ヲ去ル三百年以前加賀国主前田氏ノ領山トシテ採鑛セラレタルハ事實ナル如シ其後數人ノ手ニ転々稼行セラレ明治三十五年竹内綱ノ所有ニ帰シ同四十年五月芳谷炭抗株式會社ノ所有ニ移リ引続キ事業擴張セシカ同四十三年一月ニ現鑛業権者之ヲ譲受ケ以テ今日ニ至レリ」

その後、第一次世界大戦(1914～1918)後の不況と銅価暴落により遊泉寺銅山は経営不振に陥り、1920(大正9)年に閉山となった。閉山の時期については、何をもって閉山と定義するのかにもよるが、小松市が作成する各種案内物の年を採用した。

ちなみにこの銅山の経営母体であった竹内鉱業で機械生産を行っていたのが、現在は世界規模の建機メーカーとなったコマツの前身・小松鉄工所で、竹内明太郎は1921(大正10)年5月13日に竹内鉱業から小松鉄工所を分離独立させて小松製作所を設立させた。

表1 遊泉寺銅山採掘高等の推移表

	鉄道					従業員										採掘高	製品
	坑内	坑外				抗夫	支柱夫	手子	選鉱夫	製錬夫	運搬夫	工作夫	機械夫	雑夫	計		
	人力	人力	他											他			
単位	尺	尺		哩	鎖	人	人	人	人	人	人	人	人	人	人	斤	斤
1905(明治38)																	328,476
1906(明治39)	11,679	1,530	馬力	1	43	156	12	19	45	75	40	158		18	523	4,980,912	703,429
1907(明治40)	18,160	1,700	馬力	5	43	177	20	16	60	60	80	107		100	620	8,080,677	726,212
1908(明治41)	20,000	1,700	機関車	5	43	197	18	33	119	105	102	107		61	742	12,147,299	1,033,785
1909(明治42)	12,000	1,700	機関車	5	43	204	30	40	84	101	166	94		54	773	14,000,558	1,289,601
1910(明治43)	12,000	1,700	機力	5	43	206	28	43	84	118	158	55	58	55	805	14,706,683	1,620,521
1911(明治44)	12,000	1,700	汽力	5	43	234	29	46	93	125	144	42	48	49	810	15,557,013	1,609,075
1912(明治45)	19,797	1,700	電力	5	43	243	22	31	57	100	162	48	66	74	803	16,186,941	1,439,763

明治末～大正期前半頃の遊泉寺銅山で撮られた鉱山労働者の記念写真。構内に狭軌軌道が張り巡らされているのがわかる。
提供：小松市立博物館

(2) 遊泉寺銅山専用鉄道

明治中期の遊泉寺銅山では、採掘した鉱石は梯川の帆船で川尻の安宅港に輸送していた。が、竹内明太郎は輸送量の増加に伴い鉱山と官設鉄道小松停車場を結ぶ専用鉄道（馬車軌道）の敷設を計画した。宮田憲誠氏の「遊泉寺銅山専用鉄道について（鉄道ピクトリアル701号に収録）」によると、この専用鉄道は、1905（明治38）年に銅山と能美郡国府村地内の梯川岸に設けられた出張所間の建設が始められ、1906（明治39）年4月17日に郡長、地元警察署長、附近村長や小松町長を招待して開通式が挙行されたという（1906年4月21日北国新聞による）。この時点では開業区間は鉱山～梯川出張所間1マイル43チェーン（約2,474m）で軌間は2フィート（約610mm）、動力は馬力、梯川出張所で船便に積み替えていた。

宮田憲誠氏の「遊泉寺銅山専用鉄道について」によると、梯川出張所から官設鉄道小松停車場までの専用軌道敷設願は1906（明治39）年11月6日に郡役場に提出され（1906年11月9日北国新聞による）、1907（明治40）年11月に全線5マイル43チェーン（8,912m）が開業した。1917（大正6）年「本邦重要鉱山要覧」の遊泉寺銅山には次の記述がある。

「山元、小松間ニ於ケル軌道布設ノ計劃ハ全部竣工シタルヲ以テ四十年十一月ヨリ鐵道機関車ノ運転ヲ開始セリ此ノ運搬力ハ機関車ノ重量七瓲ニシテ三瓲積ノ貨車六臺ヲ牽クヲ得ベシ」

一方、1925（大正14）年6月20日に本省から白山鉄道出願線の実地調査がなされ、その報告書の遊泉寺銅山鉄道に関する記述では、免許1907（明治40）年10月4日、開業1908（明治41）年4月6日とある。月日の単位で相違があるのは、実態と書類上の差と思われる。

1906（明治39）～1912（明治45）年の「本邦鉱業一斑」では鉄道として坑内と坑外の規模が記されている。坑内は11,679～20,000尺（4,438～7,600m）で、坑外の人力が1,530～1,700尺（581～646m）。その他が専用

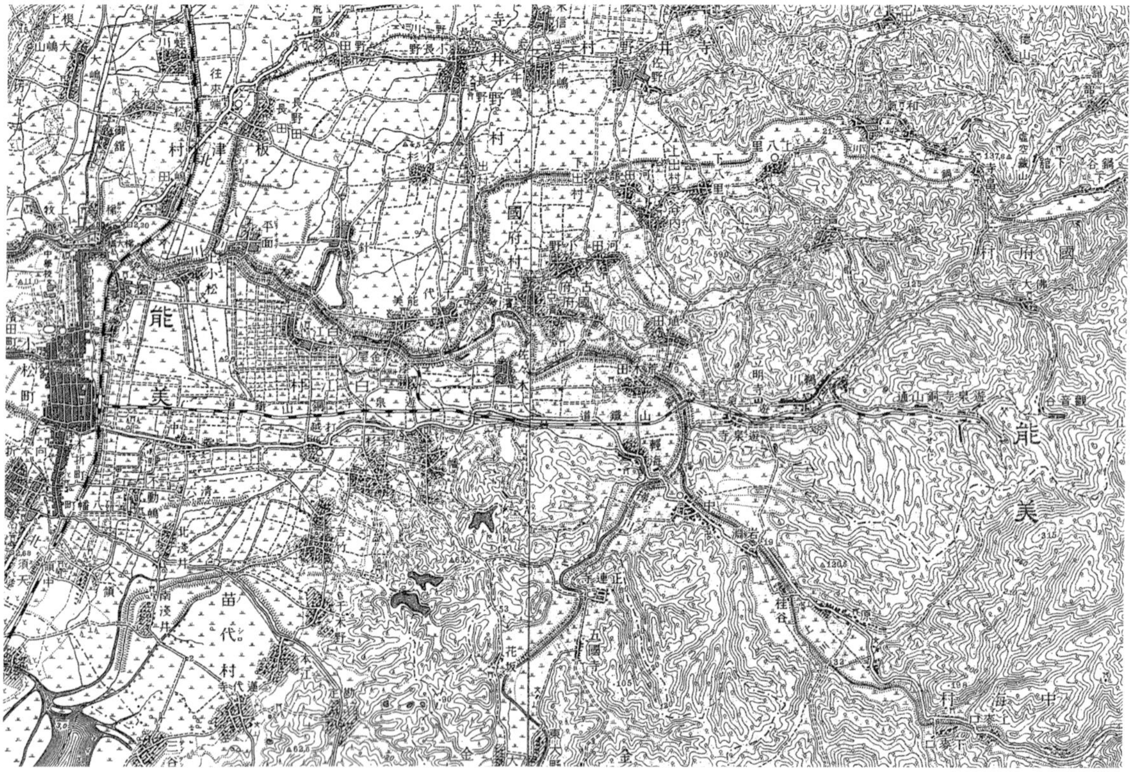

国土地理院発行1/50000地形図「小松」「鶴来」（明治42年測量・大正2年発行）より縮小の上転載。「遊泉寺銅山鐵道」の線路は後の鵜川遊泉寺駅の所在地より先まで延びている。

軌道部分で、1906(明治39)年が馬力1マイル43チェーン(約1,649m)、1907(明治40)年が馬力のままで、5マイル43チェーン(8,912m)、1908(明治41)年と1909(明治42)年が機関車となり、1910(明治43)年の記載は機力、1911(明治44)年の記載は汽力、1912(明治45)年の記載は電力と変遷する。1914(大正3)年の本邦主要鉱山一覧での記載は機関車となっており、1912年の記載は何らかの原因で誤記が生じたと推察する。これらのことから概ね次のように推察できる。遊泉寺銅山鉄道は、1906(明治39)年4月に鉱山から梯川岸に至る約2.5km、さらに1907(明治40)年11月には梯川に鉄橋を渡して小松停車場に至る5.9kmが開通した。軌間は610mmで、小松まで通じた時点で蒸気動力になり、加賀八幡付近から分岐して金屋集落と河岸に至る約523mの支線もあった。

「本邦鉱業一斑」では、地理の欄があり、1906～1908年の記載内容は次の通り。

「北陸鐵道[*1]小松驛ヨリ縣道一里半、里道薬三十丁ニシテ本山ニ達スルコトヲ得腕車[*2]ノ便ヲ有シ更ニ同驛ヨリ河船ノ便ヲ假レハ約二里ニシテ本山梯川出張所(國府村地内)ニ至ル夫ヨリ本山敷設の輕便鐵道ニ依リ二十四丁ニシテ本山ニ達スルヲ得ヘシ道路平坦ニシテ路傍ハ概ネ水田ナリ梯川ハ清流ニシテ平常舟揖ノ弁アリ　目下本山及梯川出張所間既設輕便鐵道ヲ小松驛へ延長敷設中ナリ　鑛場ハ國府村大字遊泉寺地内ニアリテ三面小丘ヲ以テ圜繞セラレ西方ノ一面渓流ニ沿ヘリ」

＊1 官設鉄道北陸線の誤記　＊2 人力車

これが、1910年以降は次のように変わる。

「本銅山ハ北陸本線小松驛ヨリ東方約二里半ノ地ニ在リ三面小丘ヲ以テ圜繞セラレ西方ノ一面渓流ニ沿ヒ約十町ニシテ廣潤ナル田圃ニ出ツ本銅山ト小松驛間五哩十六鎖ニ専用鐵道ヲ敷設シ十八封土軌條ヲ布キ機関車ヲ以テ鑛業用諸物品ノ運搬ヲ為ス　尚本線ノ外二十六鎖餘ノ支線ヲ梯川河岸ニ敷設シ安宅ヨリ船便ニ依リタル貨物ノ運搬ニ便ス」

宮田憲誠氏の「遊泉寺銅山専用鉄道について」によると、1909(明治42)年9月に東宮殿下が北陸行啓の際、尾小屋や遊泉寺の銅山へ御使することとなり、奉迎準備として客車を日本車輌製造に発注し、鉱石輸送のほかに沿線住民等から運賃5銭を徴収して旅客扱いも行っていたという。

遊泉寺銅山は1920(大正9)年閉山に至り、軌道(専用鉄道)も運行を停止した。尾小屋鉄道の開業は1919(大正8)年で、その線路実測平面図(『RMライブラリー116巻 尾小屋鉄道』P5)はその前、1917～1918年頃のものと思われるので、そこに「遊泉寺鑛山鐵道」の文字が記されているのは、この史実に合致する。

2. 白山電気鉄道開業

(1) 白山鉄道を発起

遊泉寺銅山への軌道跡を利用して鉄道を敷設しようとしたのが、1923(大正12) 年11月10日に小松～遊泉寺～中海村中ノ峠間８マイル56チェーン(14.4km)の免許を申請した白山鉄道であった。軌間762mmの蒸気鉄道を計画し、将来的には中ノ峠を越えて鳥越村(金名鉄道釜清水)に至る構想から、社名に「白山」を名乗った。この頃の能美郡下の鉄道は、1919(大正８)年11月に尾小屋鉄道が開業し、1923(大正12) 年６月に能美電気鉄道発起人に根上村(後の新寺井) ～山上村(後の新鶴来) 間が免許となり、1925(大正14) 年５月に金名鉄道発起人に鶴来町～鳥越村(後の白山下)間が免許となった。当時は自動車交通が未発達で、全国の各地で鉄道敷設が計画された。

白山鐵道線路敷設免許申請書

石川縣能美、石川両郡ニ亙ル手取川ノ上流流域ハ村落所々ニ散在シ由来白山ノ奥地ニ通シ鉱物、陶器、原石、石材、木材、木炭、大麻、穀物等ノ天然資源頗ル豊富ナルニ拘ラズ是ガ運輸機関ノ設備ナキタメ不便不利ヲ忍ビツツ辛クシテ長路人力或ハ馬車ヲ以テ鶴来ニ至リ是ヨリ電氣鐵道ニヨリテ運送セラルル状態ニアルヲ以テ其ノ天恵ノ遺利ヲ只タ有ルガ儘ニ委スルノ感アリテ年来地方識者ノ等シク遺憾トスル所ナリ然ルニ本出願ニ関ル軽便鐵道ノ終点能美郡鳥越村ハ手取川流域内ニ散点セル諸村落ノ貨物集散地ニシテ是ガ敷設ノ暁ハ最短距離ニヨリテ能美郡小松町及省線小松驛ヲ連絡スルノ利便アルヲ以テ貨物運輸並ニ運賃ノ逓減ヨリ蒙ル可キ利益蓋シ尠少ナラザルベシ加フルヲ天然ノ遺利ハ完全ニ開發サラレ一面地方ノ殖産興業ニ寄典スル所亦大ナルモノアルベシ而シテ終点手取川ノ沿岸ハ遥カニ白山ノ秀麗ヲ望ミ其幽谷ハ造化ノ霊妙清冽ノ氣ト相對シテ稀ニ見ルノ偉観ナリ之ヲ隔テテ吉野十景アリ共ニ一日程ノ行楽トシテ仙境ニ心身ヲ一新シ得ベク更ニ登山家、讃仰措カサル霊峰白山ノ順路モ著シク短縮サレ婦女子ト雖モ容易ニ千古不磨ノ神厳ニ接スルコトヲ得シ、茲ニ有志相謀リテ白山鐵道株式會社ヲ組織シ第一期計劃トシテ能美郡小松町、同郡中海村字中峠ニ至ル約八哩七分(内四哩餘ハ既設竹内鑛業株式會社所有ニ係ル遊泉寺鑛山私設鐵道ヲ買収) ノ軽便鐵道ヲ敷設シ引續キ第二期計劃トシテ能美郡中海村字中峠、同郡鳥越村間ヲ敷設シ一般旅客営及貨物ノ運輸業ヲ経営致度大正八年法律第五十二號地方鐵道法ニ據リ関係書類及圖面相添ヘ申請候條何卒至急御免許被成下度此段相願候也

大正拾弐年拾壱月拾日

白山鉄道免許申請書を要約すると、手取川流域及びさらに奥地の豊富な鉱物、陶器、原石、石材、木材、木炭、大麻、穀物などの天然資源を鶴来経由で輸送するのではなく、能美郡の中心地である小松を経由し、また白山信仰の参詣客の輸送に期待していることがわかる。

白山鉄道発起人68人を居住地別に見ると(表２参照)、全員が石川県能美郡に居住する個人で、まさしく地域の鉄道であり、奥地の鳥越村が小松町より多く、当初の発起人代表の出口精一郎の居住地は能美郡鳥越村字河合、免許時の発起人代表の鈴木源平の居住地は能美郡鳥越村字出合であった。

表2 発起人居住地

郡	町村	字	人	町村	字	人
能美郡	鳥越村	出合	5	国府村	遊泉寺	3
		上野	3		鵜川	2
		別宮	2		立命寺	1
		河合	1		小計	6
		下野	1	白江村	八幡	1
		下吉谷	1	小松町	土居原町	2
		釜清水	1		上本折	2
		瀬木野	1		輪助町	2
		小計	15		西町	1
	中海村	原	6		大文字町	1
		中	6		小計	8
		荒木田	5	苗代村	大領中	2
		軽海	5			
		中峠	4			
		岩淵	3			
		上麦口	2			
		下麦口	2			
		桂谷	2			
		嵐	1			
		小計	36	計		68

小松線としての晩年期、白山連峰をバックに梯川を渡るモハ3000形。 1985.5.26 軽海―鵜川遊泉寺 P：飯野浩三

なお、白山鉄道に関する石川県知事の副申は次の通りであった。

収土第一四一五號

大正十二年十二月二十七日

石川縣知事　長谷川　久一

鐵道大臣　山内　一次　殿

地方鐵道敷設免許申請ニ付添申

縣下能美郡鳥越村出口精一郎外六十七名ヨリ白山鐵道敷設免許申請ニ付調査候處右ハ一般旅客貨物ノ運輸ヲ目的トシ資金五拾萬圓ヲ投シ第一期計劃トシ省線小松驛前ヨリ遊泉寺銅山ニ至ル私設鐵道ヲ買収シ中海村字中峠迄四哩八分延長シ第二期計劃トシテ鳥越村ヲ経過シ吉野谷村ニ於テ府縣道第十三號路線金澤白峰線ニ接続セムトスルモノニ有之起點小松町ハ戸数三千百四拾七戸ヲ有シ西ニ安宅港ヲ控ヘテ郡ノ中央ニ位シ郡ノ行政上ノ中心地タリ將タ亦小松町ハ縣下商工業地トシテ其ノ首班ヲ占メ省線小松驛附近ニハ各種ノ商工業會社並列シ縣外トノ取引繁栄ヲ極メ亦終點ニ近キ鳥越村ハ戸数壱千六拾戸ヲ有シ原石石材木材木炭等天然ノ資源ニ富ミ山間ニ於ケル物資ノ集散地タルヲ以テ兩地帯ヲ連絡スル運輸交通機関ノ完備ヲ企圖スルハ豫テ地方ノ道利ヲ開發シ殖産興業ニ奇興スル所以タリ加之本願第二期計劃線完成ノ暁ハ延テ白山麓下ノ生産品モ數時ニシテ省線ト連絡スルコトヲ得地方開發ニ裨益スル處多大ナルモノ可有之ト思考候間御免許相成度地方鐵道法施行規則第二條ニ據リ別紙調書添付此段添申候也

調査書

申請者ノ資産及信用程度

申請者ハ沿道町村ノ富豪家ヲ網羅シ主トシテ農ヲ以テ本業トスルモ只起点小松町ハ商工業家會社重役醫師等ニシテ何レモ地方ニ於テ名望高ク信用厚キ方ナリ今資産ヲ大別セハ凡ソ左ノ通

壱萬圓未満	九人
壱萬圓以上	弐拾壱人
参萬圓以上	拾弐人
五萬圓以上	拾四人
拾萬圓以上	拾人
弐拾萬圓以上	壱人
参拾萬圓以上	壱人

事業ノ成否

申請者ハ第一項ニ詳記ノ通リ全部鐵道沿線ノ利害関係厚キ資産家ニシテ日常物資ノ運輸交通上密接関係ヲ有シ熱心ニ事業ノ完成ヲ期待シテ止マサルモノニ付確實ニ遂行シ得ヘキモノト認ム

事業ノ効用

起点タル能美郡小松町ハ西ニ安宅港ヲ控ヘテ三面廣漠タル平野ヲ抱キ戸数三千百四拾七戸ヲ有シ郡ノ行政経済上ノ中心地ニシテ縣下商工業地トシテ其ノ首班ヲ占メ省線小松驛附近ニハ製鐵會社製材會社九谷陶器會社等ノ各種ノ諸會社連携シ縣外トノ商取引年ト共ニ繁栄ヲ極メ亦終點ニ近キ鳥越村ハ手取川ノ上流白山ノ秀麗ニ近ク古来原石石材木材木炭等ノ特産品ニ富シ物資ノ集散地タルモ交通不便ノ為メ常ニ鶴来町ヲ迂回シ経済ノ調節ヲ史スル嫌アルハ亦止ムヲ得サル市大ニシテ為メニ地方ノ殖産興業ノ發達ヲ阻害シ天然ノ遺利ヲ史クハ凡ニ地方識者ノ遺憾トスル處ナリ然ルニ遊泉寺銅山私設鐵道ハ近年末銅山廃鑛ノ影響ヲ受ケ現今運轉中止ノ状態ニアルヲ以テ之ヲ買収シ更ニ中海村字中峠迄四哩八分ヲ延長シ之ヲ第一期計劃トシ第一期線ノ完成ヲ俟ツテ直チニ鳥越村ヲ経過シ吉野谷村ニ於テ府縣道第十三號路線金澤白峰線ニ接続シ白山麓下ノ物資ヲ吸収シ且省線小松驛ヨリ白山霊峰ノ登山旅客ノ便宜ヲ計ラムトスルモノニシテ能美郡中部地方ハ勿論山間部落ノ開発上重大ナル影響アルモノト認ム

他ノ鐵道又ハ軌道ニ及ホス影響

本願ハ金澤電氣軌道株式會社石川線大正十二年六月御免許ヲ得タル能美電気鐵道並本月一日収土第一二六四號ヲ以テ進達シタル美鶴鐵道トハ各物資ノ吸収上幾分ノ影響アルハ免シサル處ナルモ鶴来町ト本願第二期計劃ノ終点タル吉野谷村間ハ約七哩ノ區間ヲ存スルヲ以テ直接大ナル影響ヲ及ホスモノト難認

(2) 白山鉄道免許

白山鉄道は軌間762mm・蒸気動力で出願したが、免許申請後に1,067mm軌間に変更された。

訂正願

兼ネテ出願中ニ係ル石川縣能美郡小松町ヨリ同郡中海村字中峠ニ至ル鐵道敷設免許申請中ノ軌間弐呎六吋ヲ今回参呎六吋ニ変更致シ度候ニ付キハ右建設費概算書ニ営業収支概算書別紙ノ通リ訂正ノ上再應及提出候也

大正十三年四月四日

白山鐵道株式會社発起人代表者

鈴木　源平

鐵道大臣　小松　謙次郎　殿

1924(大正13)年6月25日に本省から白山鉄道発起人あてに建設費増額の指導がなされている。

建設費概算額過少ナルヲ以テ既設専用鐵道ノ改築ヲ見込ミ土木関係費ヲ通シテ約三十萬円ノ増額ヲ為スコト

専用鐵道買収費	100,000
専用鐵道改築費	210,000
延長線土木費	290,000
延長線車輌費	50,000
計	650,000

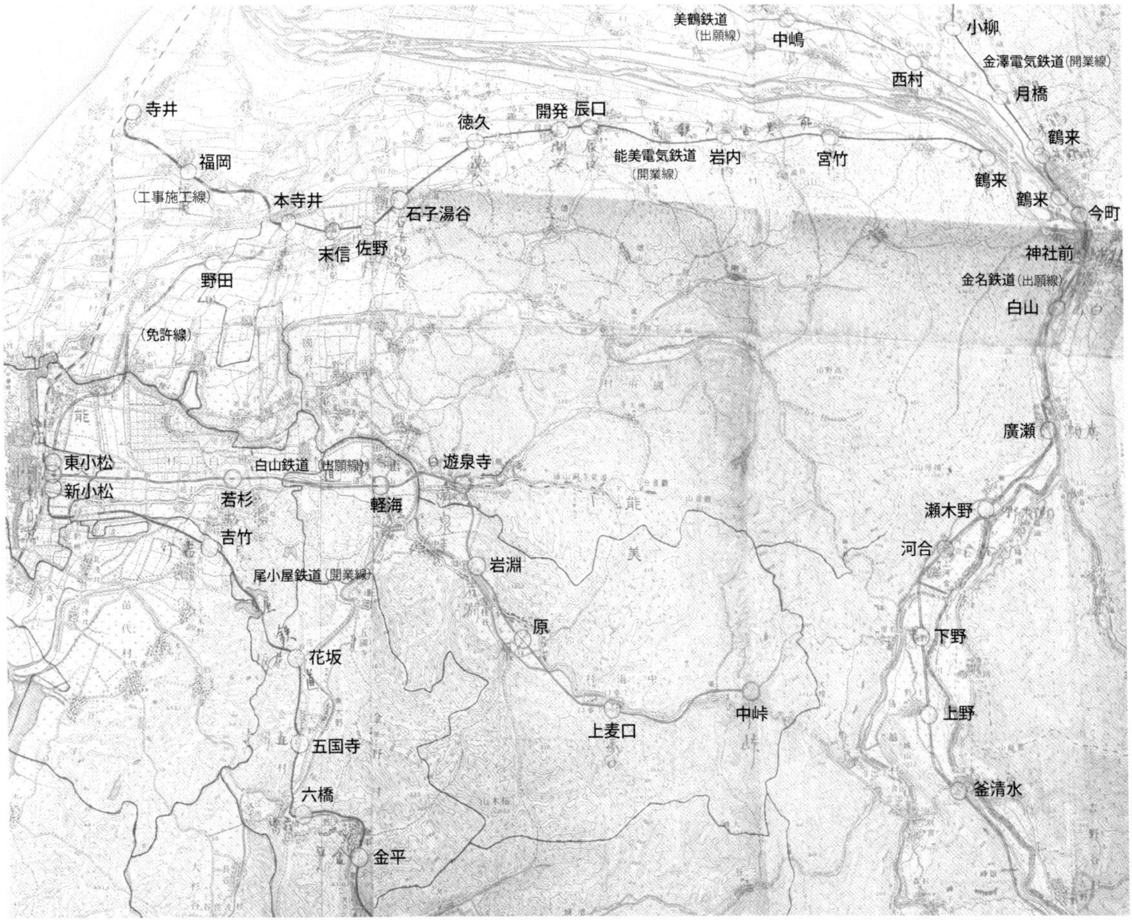

国土地理院発行1/50000地形図「小松」「鶴来」に開業線・工事施工線・免許線・出願線が加筆されたもの（所蔵：国立公文書館）に対し駅名・路線名表記を編集部にて加工。能美電気鉄道「鶴来」は「新鶴来」として開業し、金澤電気軌道が金澤電気鉄道と記されているが、ともに原表記を記載。

1924（大正13）年9月27日に石川県から本省あてに白山鉄道発起人総代鈴木源平から鉄道大臣宛に次の願書が提出されている。

御願

出願致置候白山鐵道株式會社線路敷設免許申請ニ對シ未ダ御認可ノ命ニ接セズ洵ニ發起人一同ノ等シク遺憾トスル所ニ御座候従ツテ敷設免許申請書ニ添付致置候竹内鑛業株式會社ト締結セル石川縣能美郡小松町ヨリ同縣同郡國府村字遊泉寺ニ至ル専用鐵道譲受ケニ對スル契約ヲ大正十三年九月三十日ヲ以テ契約無効ト相成ル可ク候ニ付止ムヲ得ズ更ニ向ウ六ケ月間ノ契約延長ヲ締結セル次第ニ御座候間特別ノ御詮議ヲ以テ速カニ御認可相成度別紙延期契約書写シ添付此段奉願上候也

上記願書に対してか、本省から石川県に次の照会がなされ、それに対する回答が白山鉄道発起人から石川県を通じて提出されている。

照会

大正十二年十二月二十七日附収土第一四一五號ヲ以テ白山鐵道敷設ノ件進達相成ル処右ハ将来地方鐵道補助法ニ依ル補助ヲ受ケサルヲ尚事業ヲ遂行、経営スルノ覚悟ヲ取調ノ上何分ノ御回報相度

追テ遊泉寺専用鐵道線路中遊泉寺驛、銅山間ハ本願線路中ニ之ヲ包含セサル様被認処事実如何（略）尚包含セサルモノトセハ専用鐵道買収後ニ於ケル該区間ノ処分ニ付併セ御取調相度

以下が石川県を通じて提出された回答である。

大正十四年二月九日

白山鐵道株式會社発起人総代

鈴木　源平

石川縣知事　長　延連　殿

白山鐵道敷設ニ関スル件

収土第一四一五ノ内號ニテ御照會相成リ候件左記ノ通リ御回報仕候也

一、左記本鐵道創設ノ目的ハ貨物ノ運搬ヲ主眼トセルモノニ有之候ヘハ運轉開始早々ニシテ充分ナル収益ヲ挙ケ得ルハ或ハ得サランモ現在人力ニヨル貨物輸送ノ状態著シク改

善セラレ運賃頗ル逓減セラルルヲ以テ自然販路ノ拡張ニ連シ遂年貨物ノ増加ヲ来シ之ニ伴フ収益亦多大ナルノ確信有之候ニ付若シ地方鐵道ニ依ル補助金ノ御下附無之場合ト雖モ敷設免許相受候ヘハ事業遂行ノ覚悟ヲ有シテ居候ヘト

元来私設鐵道ハ補助金ノ御下附ヲ得テ初メテ長足ノ進展並ニ豫期ノ成績ヲ期シ得ルニ候ヘハ可相成特別ノ御詮議ヲ以テ補助金御下附ノ様御執成ヲ得ハ之ニ過キタル幸ニ無之候

二、遊泉寺専用鐵道線路ニ対シテハ小松町ヨリ字遊泉寺マテノ線路(當鐵道出願添付契約書第壱條ニ記載ノ通リ)ヲ買収スルモノニシテ字遊泉寺ヨリ銅山ニ至ル線路ハ当方ニ何ラ関係之モノニ候ヘハ右様御承知相成度此区間ノ處ニ付ハ遊泉寺銅山ニ於テ適宜處分スルモノト認メ申候

1925(大正14)年6月20日に本省から白山鉄道出願線の実地調査がなされ、その報告書が国立公文書館に残る。それによると、この時点での商号は白山鉄道株式会社、軌間は1,067mmに変更されているが、蒸気動力の計画であったことがわかる。また、収支目論見を見る限り、貨物収入の方が旅客収入より多く計画され、開業後の苦労からすると、かなり楽観的な計画であったことがわかる。

白山鐵道出願線實地調査復命書

大正十四年六月二十日

属　古畑　幸吉

属　菱谷惣太郎

監督局長　筧　正太郎　殿

一、起業ノ概要

起点　小松町　　終点　中海村　　間　　八哩五六鎖

動力　蒸気　　　軌間　三呎六吋

建設費　六五〇,〇〇〇圓

尚第二期トシテ中峠ヨリ別宮、釜清水ニ至ル延長線約三哩ノ計画アリ

二、現在ノ交通方法

イ、小松、中峠間

(a) 旅客ハ徒歩、又ハ人力車、又ハ自働車(小松、中間ニ限ル、一台三往復、片道五十銭)

(b) 貨物ハ荷車、荷馬車

ロ、中峠、釜清水間(隧道ノアル関係上、鶴来ヲ経由ス)

(a) 旅客ハ徒歩、又ハ自働車(鶴来、吉野間三台、一日二往復、片道一圓)

(b) 貨物ハ荷馬車(鶴来、吉野間ニ於ケル荷馬車数ハ約二百ト称ス)及貨物自働車

能美郡ノ行政上、宗教上、商業上ニ於ケル中心地ハ小松ナルニ拘ラス、交通不便ノタメ中峠以西(小松方面)ノ貨客ノ蒙ル不便ハ甚大ニシテ豊富なる物資ノ誘出ヲ妨ケラル、中峠以東ニ至リテハ鶴来、金澤ヲ迂回シテ小松ニ達スル状態ナリ

三、線路

カカル交通状態ヲ救済セントシテ起レル本鐵道ハ旧遊泉寺銅山専用鐵道線路ノ大部(五哩一六鎖ノウチ約五哩)ヲ使用シ、尚中峠ニ至ル三哩余ノ新線ヲ敷設セントス。旧専用線ハ水田間ヲ貫キ平坦。新線ハ大体、滓上川ニ沿ヒ勾配(1/40ヲ最急トス)アルニ、難工事線ト称スルヲ得サルノ如シ。但、第二期線ハ隧道ノ堀鑿ヲ要シ、工事梢困難ト認メラル。

四、遊泉寺銅山

イ、沿革　本銅山ハ徳川末期ノ発見ニ懸ル。一箇月平均十三萬斤ノ粗銅ヲ産出セシ、労賃ノ騰貴セルニ反シ、銅ノ需要低減シ、剰ヘ米國ニ於ケル大量生産ノ壓迫ヲ蒙リ、大正七年ヨリ精錬中止ノ已ムナキニ至ル。後、一、二年、或ハ、深鑛ニ、或ハ、カーバイトノ製作ニ努力セシム事、意ノ如カラス

ロ、将来　精錬所ハ小規模ナリシタメ再起ノ見込ナシ。坑道ハ縦ニシテ採掘費多額ヲ要ス。但、相當横鑛脈アリ。鑛石ノ搬出ハ(景気回復セハ)多少ノ望ミアリトイウ。

ハ、同鑛山専用鐵道

(a) 概要及沿革

起点 小松　終点 遊泉寺 間　五哩十六鎖

動力 蒸気　軌間 二呎　建設費 九七,二四一圓

免許 四〇年一〇月四日　開業 四一年四月六日

所有者 竹内鑛業株式會社

本年一、二月頃、軌条全部ヲ撤去ス

(b) 白山鐵道トノ関係

該専用鐵道ノ大部ハ金十萬圓ヲ以テ白山鐵道ニ譲渡スル契約アル、軌条撤去后ノ現在ニ於テハ幾分ノ減額ヲ為スノ如シ。且残部ノ線路用地、鑛石再採掘ヲ予想シテ現在ノ侭存地ス。而シテ遊泉寺銅山ノ幹部ハ目下、株式會社小松製作所ニ勤務シオリ、白山鐵道ノ敷設ニ多大ノ援助ヲ興ヘツツアリ

五、収支ノ見込

小松驛、町村役場等ニテ聴取シタル材料ト類似鐵道ノ實績トニ依リ計算シタル収益及之レカ増加予想ハ別表ノ如シ。

茲ニ之レヲ概観スルニ

イ、貨物

(a) 小松ヘノ輸出入

(1) 白山沿線ヨリ小松に輸出セラルル主要品
陶土、石材、木炭、薪、米、瓦、藺草
行先　京阪、小松、富山方面
(2) 小松ヨリ沿線ヘノ輸入主要品
肥料、ゴサ、其ノ他　日用品

(b) 木材
吉野谷、尾口方面ニ於ケル山林ハ　入口：造林　奥地：天然林　ナルニ、手取川カ急潭ニシテ、舟楫ノ便ナキト、之レニ代ハルヘキ適當ナル交通機関備ハラサルタメ、現今ハ木材ノ輸出トシテ看ルヘキモノナシ

(c) 吉野谷以奥(尾口方面)、鶴来間ニ於ケル輸出入品ニシテ白山鐵道開通ノ上ハ(釜清水迄延長スル場合ハ殆ト全部、中峠マデノ場合ハ幾分)之レヲ吸収スヘシト認メラルル主要ナルモノ
(1) 輸出　木炭、陶土　行先 木炭ハ不明ナル　陶土ハ大曾根
(2) 輸入　油カス　生石灰、石炭、コークス、笠木

ロ、旅客
行政上、郡役所ハ小松ニ在ルヲ以テ之レニ往復スルモノ多シ　宗教上、旧幕時代ニ諸寺ヲ小松ニ集中セシト、此ノ附近一帯真宗ノ檀家多ク所謂本願寺詣リナルノ行ハルルトニ依リ、小松及小松経由京阪方面行旅客頗多ノ見込

ハ、尾小屋鐵道ノ實績
尾小屋鐵道ハ終点ニ銅山ヲ有スル外、村落ノ散生、物資ノ産出等ニ於テ、白山鐵道沿線ニ類似ス。其ノ實績ハ以テ白山ノ参考ト為スニ足ラム
尾小屋鐵道大正十二年度 貨物一日一哩　　六一屯
旅客一日一哩　二七四人

ニ、専用鐵道時代ノ實績
遊泉寺専用鐵道時代ニ鑛夫救済會ヘノ寄附トシテ相當ノ金額ヲ徴収ノ上、便宜乗車セシメタルトコロ、便乗客、甚タ多カリシトイウ。

ホ、収入ノ見込
之レヲ推論スルニ、尾小屋鐵道ニ比シ、鑛山関係ノ輸出入ナキモ、軌間廣ク、瓦、粘土、石材、藺草等ノ特産品アリ、人口亦稍、ヨリ稠密ナルヲ以テ尠クトモ、数年后ニハ尾小屋程度ノ成績ヲ挙ケ得ルモノト認メラル　(註　尾小屋鐵道ノ収支歩合、約五分、同鐵道ハ開業后約六年)

六、他鐵道トノ関係、其ノ他
イ、金名鐵道(鶴来、鳥越間一二哩、電氣、三呎六吋、免許十四.五.八　工事施行認可申請期限 十五.三.七　企業名小堀定信)トノ関係
白山鐵道免許セラルルハ、金名ハ多少ノ影響ヲ受クルナラム。然レトモ他方、白山開通ノタメ吉野谷、尾口方面ノ物資ヲ誘致スヘキノ以テ相互ニ裨益スル処、尠カラナルヘシ。
ロ、能美電気鐵道(本寺井、鶴来間七哩五分、十四.六.五開通)トノ関係
本鐵道ハ開業早々ノコトナレハ、確タル断定ヲ下ス能ハスト雖モ、大体ニ於テ現在、鶴来、寺井間ノ交通ノ為シツツアリ。(吉野谷方面ヨリノ貨客ナシ)
ハ、発起人総代　鈴木源平氏
海軍士官タリシコトアリ　真面目ナル紳士ニシテ、所謂　利権屋トハ認メラレス

七、結論
之ヲ要スルニ、本鐵道ハ専用鐵道ノ性質ヲ有セス。公益上、能美郡ニ大利益ヲ興フルノミナラス、別紙記載ノ如ク、相當ノ収益ヲ舉ケ得ヘキヲ以テ、免許相成可然ト認メラル。沿線町村ニ於テ之レカ實現ヲ希望シ居レリ。

貨物噸哩	176,944	
同毎一哩	20,338	
同一日一哩	56	
旅客人哩	595,297	
同毎一哩	68,425	
同一日一哩	185	
貨物収入	30,965	20
同毎一哩	3,559	22
同一日一哩	9	75
旅客収入	29,764	85
同毎一哩	3,421	25
同一日一哩	20	8
雑収入	3,036	50
収入合計	63,766	55
同一日一哩	20	8
営業費	46,965	65
同一日一哩	14	79
純益	16,800	90
建設費	650,000	
建設費ニ對スル純益割合	0	025

貨物運賃ハ尾小屋鉄道十二年度実績一頓哩十七銭五厘
旅客運賃ハ一人哩五銭トシテ計算ス
営業費ハ尾小屋鉄道同上実績一日一哩十四円四十七銭二
二呎六吋ト三呎六吋トノ差ノ比ニ依リ算出シタル額ヲ加算ス

加賀八幡駅で交換列車を待つモハ1000形1001号
1962.5.28　加賀八幡　P：荻原二郎

白山鐵道収益増加予想表

年次	営業収入 旅客		貨物		雑収入		計		営業費		益金		建設費ニ對スル割合
1	29,764	85	30,965	20	3,036	50	46,965	65	46,965	65	16,800	90	0.25
2	32,741	34	35,609	98	3,264	24	71,615	56	51,662	22	19,953	34	0.30
3	35,717	82	40,254	76	3,491	98	79,464	56	56,358	78	23,105	78	0.35
4	38,694	31	44,899	54	3,719	71	87,314	56	61,055	35	26,259	21	0.40
5	41,670	79	49,544	32	3,947	45	95,162	56	65,751	91	29,410	65	0.45
6	44,647	28	54,189	10	4,175	19	103,011	57	70,448	48	32,563	9	0.50
7	47,623	76	58,833	88	4,403	43	118,709	57	75,145	4	35,716	3	0.54
8	50,600	25	63,478	66	4,630	66	118,709	57	79,841	61	38,867	96	0.59
9	53,576	73	68,123	44	4,858	40	126,558	57	84,538	17	42,020	40	0.64
10	56,553	22	72,768	22	5,086	14	134,407	58	89,234	74	45,172	84	0.69

備考　本表ノ別表ヲ標準トシテ将来ヲ推算セリ
旅客ニ在リテハ初年目ノ10/100　貨物ニ在リテハ初年目ノ15/100　雑収入ニ在リテハ初年目ノ10/100
毎年増加スルモノトシ、又、営業費ハ毎年10/100増加スルモノトシテ計算セリ

小松から鵜川遊泉寺、中ノ峠を越えて鳥越村(金名鉄道釜清水)に至る構想の白山鉄道は、1926(大正15)年３月22日に小松～遊泉寺～中海村中ノ峠間８マイル56チェーン(14.4km)が免許となった。免許申請から２年と４箇月の歳月が流れていた。

免許状

白山鐵道株式會社発起人　鈴木源平　外六十七名

右申請ニ係ル石川縣能美郡小松町ヨリ同郡中海村ニ至ル鐵道ヲ敷設シ旅客及貨物ノ運輸営業ヲ為スコトヲ免許ス

地方鐵道法第十三條ニ依ル認可申請ハ大正十六年三月二十一日迄ニ之ヲ為スヘシ

十五年三月二十二日　大臣

1926(大正15)年３月26日官報掲載案は次の通りであった。

官報掲載案

鐵道免許状下付　大正十五年三月二十二日

白山鐵道株式會社発起人鈴木源平外六十七名ニ対シ鐵道敷設免許状ヲ下付セリ其ノ起業目論見ノ概要左ノ如シ

遊泉寺銅山鉄道の廃線跡を利用する白山鉄道は、小松～鵜川遊泉寺間のほか中ノ峠までの免許を得、その先金名鉄道と交わる鳥越村までの延長を計画した。 1962.5.28　鵜川遊泉寺　P：荻原二郎

動力	軌間	起終点	延長哩程	建設費
蒸気	三呎六吋	石川縣能美郡小松町 同縣同郡中海村	八哩五十六鎖	六十五万円

理由

本件ハ省線小松駅ヨリ遊泉寺銅山ニ至ル専用鐵道ノ廃道ヲ買収シテ之ヲ改築シ更ニ遊泉寺駅ヨリ分岐シテ中海村ニ至ル地方鐵道ヲ敷設シセムトスルモノニシテ本線完成ノ暁ニハ交通運輸ノ利便ヲ開キ地方開発ニ資スルモノト被認

この書面には次の付記がある。

買収セントスル専用鐵道區間ニ新線ヲ敷設スルニ要スル建設費概算額ハ　約三十五万円

参考　専用鐵道買収額　十万円
同改修費　二十万円
計　三十万円

(3) 白山電気鉄道株式会社設立

1926(大正15)年３月22日に小松～遊泉寺～中海村中ノ峠間８マイル56チェーン(14.4km)を蒸気動力で免許を受けた白山鉄道は、同年４月10日に電気運転への動力変更を申請し、白山電気鉄道への商号変更を行った。免許から19日後の動力申請には、免許を得ることを優先したものとの背景があったと思われる。この申請に対し、同年５月に指導がなされている。

一、仮定款第三十四條ニ於テ軌道敷地ヲ買収シ株式ヲ交付ストアルハ違法ナリ、現物出資ヲ為スモノナラバ其ノ旨明示シ本條ヲ変更スルコト

二、建設費概算書ニ於テ電力(車)線路費及車輌費ハ過少ニ付増額スルコト、従テ総額ニ於テ変更スル場合ハ起業目論見書記載事項中第三號、定款第三條及第五條並営業収支ノ概算書モ相當訂正ヲ要ス

その結果もあって、建設概算書は次の通りとなった。

項	数量		単価	金額	摘要
既設鐵道買収費	4.3	哩		85,000	旧：100,000
既設鐵道改築費	4.3	哩		200,000	
測量及監督費	4.4	哩	1,000	4,400	
用地費	15,090	坪	2	30,180	
土木費	15,090	坪	6	90,540	
橋梁費	300	呎	80	24,000	
軌道費	5		9,000	45,000	
電力線路費	8.7			45,000	
停車場費	8		1,000	8,000	
車輛費　電動車	3		12,000	36,000	
貨車	7		5,000	35,000	
諸建物費	100	坪	100	10,000	
通信線路費	4.4	哩	200	880	
総係費	4.4	哩		8,200	旧：8,800
豫備費	8.7	哩		19,800	
創立費	8.7	哩		8,000	旧：4,400
合計				650,000	
一哩当				74,713	

起業目論見書記載事項(動力並商号)一部変更の認可は1926(大正15)年6月18日であった。そして、白山電気鉄道株式会社の設立は1926(大正15)年11月20日で、初代社長には発起人総代であった鈴木源平が就任した。

(4) 本線延伸の免許

1926(大正15)年12月27日に免許線小松～遊泉寺～中ノ峠間の遊泉寺から分岐して河田、上八里、和気、寺畠、下鍋谷、上鍋谷、大谷を経て鳥越村上河合に至る8哩40鎖(13.68km)の本線と、和気から分岐して徳山出村、南辰口を経て辰口に至る支線2哩4鎖(3.30km)の電気鉄道敷設免許が白山電気鉄道から申請された。鳥越村に向かう路線を中ノ峠からの延伸ではなく、大谷を経由することを目指したことは、免許線はこの時点で小松～遊泉寺間のみの着手を決意していたのかもしれない。免許区間の着工前に免許区間以上の距離で建設費概算183万円の免許を申請したのは、どの程度本気であったのかは、わからない。

1927(昭和2)年7月13日に国府村地内遊泉寺～大谷間6哩51鎖(10.68km)の鉄道敷設が免許となった。

電氣鐵道敷設免許申請書

今般弊社発起人総代鈴木源平ニ對シ既免許線遊泉寺停車場ヨリ分岐シ能美郡鳥越村ニ至ル本線延長八哩四十鎖間及本線和気ヨリ分岐シ能美郡山上村ニ至ル支線延長二哩四鎖間ニ電氣鐵道ヲ敷設シ一般旅客貨物ノ運輸業ヲ營ミ度候間特別ノ御詮議ヲ以テ至急御免許被下度関係圖書類相添此段申請候也

大正拾五年十二月二十七日

石川縣小松町

白山鐵道株式會社取締役社長　鈴木　源平

鐵道大臣子爵　井上　匡四郎　殿

昭和二年一月十三日

石川縣知事　白根　竹介

鐵道大臣子爵　井上　匡四郎　殿

地方鐵道敷設免許申請ニ付添申

今般白山電気鐵道株式會社ヨリ既免許能美郡小松町同郡中海村間鐵道ノ延長トシテ同郡國府村ヨリ鳥越村ニ至ル本線及之ヨリ分岐シ山上村ニ至ル支線敷設免許申請ニ付調査候處右ハ別紙調査書ニ記載ノ通地方交通ノ便ヲ増進シ山間部ノ開發産業経済ノ發達ニ裨益尠カラサル事業ト認メラレ候ニ付客年十二月二十三日附収土第八九九號ヲ以テ進達致置候　田中喜太郎申請加賀電気鐵道線路ト重複スル國府村字和気　山上村字辰口間ヲ除キ御免許相成様致度尤モ将来ニ於ケル加賀電気鐵道トノ合併若ハ連絡ニ付テハ兩者間ニ相當内議ヲ遂ケ居ルモノノ如ク認メラレ候間御調査ノ上可然御詮議相成度候也

調査書

一、申請者ノ資産及信用程度

申請者ハ公称資本金ヲ六拾五萬圓トシ客年十二月第一回払込六萬五千圓ヲ以テ創立シタル新設時會社ニシテ未ダ其ノ基礎薄弱ナルト雖株主ノ殆ント全部ガ既免許線及今回出願ノ延長線関係地方ノ有力者ニシテ熱心事業遂行ニ努力スルモノト認メラレ相當信用ヲ有ス

二、事業ノ成否

線路延長区間ハ全ク山間部ニ属スルヲ以テ従テ多額ノ建設

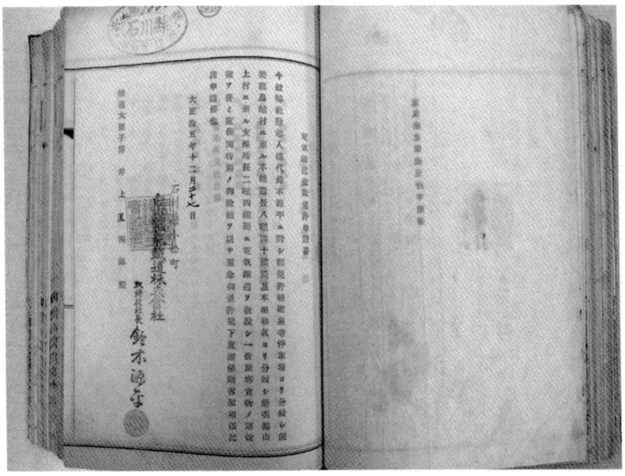

白山電気鉄道による遊泉寺～和気～鳥越村間と支線の電気鉄道敷設免許申請書(大正15年12月27日)。　所蔵：国立公文書館

～費ヲ要シ事業ノ遂行比較的容易ナラサルモ沿道鍋谷川ノ流域及終点鳥越村附近ノ所謂白山麓下ハ木材、薪炭、陶土、石材等ノ物資豊富ニシテ事業ノ前途相当有望ナルト共ニ鐵道敷設ノ計画ニ伴ヒ鍋谷川上流部ニ可成大規模ニ陶土抹掘事業経営ヲ計画スルモノアリ此ノ方面ヨリ資金ノ援助アルカ如キニ付事實増資又ハ借入金ヲ以テ資金ヲ充實シ得ルニ於テハ成功難カラサルモノト思料セラル

三、事業ノ効用
白山鐵道ノ起点タル能美郡小松町ハ商業ノ発達セル縣下有数ノ都邑ニシテ複交通経済ノ中心地ナレハ國府、鳥越等山間地方トハ交通運輸上密接ナル関係ヲ有スルモ由来交通機関ノ便ヲ缺キ連絡上多大ノ不便ヲ感スル所ニシテ既免許ノ小松町ヨリ中海村ニ至ル鐵道開通ノ暁ハ聊カ交通ノ便ヲ増シ山間開發ニ裨益スル所アリト雖モ未タ以テ満足スヘキ状態ニアラサルト共ニ鳥越村ニ達スル線路ノ経由地鍋谷川ノ流域ハ林業盛ニシテ良材、良炭ヲ多ク産スルノ外陶土、石材等天然ノ物資ニ富シ殊ニ其ノ陶土ハ全國稀ニ見ル良質ノモノニシテ聲名高ク年産額三萬噸ヲ下ラスト雖亦交通不便ニシテ物資ノ輸送ニ困難ヲ感シツツアル状態ナレハ本事業ハ山間交通ノ便ヲ増進シ斯ル天恵ノ資源ヲ開發シテ地方民利ノ増殖ト國家産業ノ發達ニ裨益スル所甚大ナリ

四、他ノ鐵道又ハ軌道ニ及ホス影響
ナシ

五、他ノ鐵道又ハ軌道トノ競願
本事業ハ客年十二月二十三日附収土第八九九號及二六三號ヲ以テ進達ニ係ル田中喜太郎申請加賀電氣鐵道及能美電氣鐵道ノ支線敷設申請ト物資ノ吸収又ハ線路位置ニ競合スル所アルモ加賀電氣鐵道トハ将来合併ノ内議成立シ居モノノ如ク従テ國府村字和気ヨリ分岐シ山上村ニ至ル支線敷設ハ之ヲ撤廃スルノ意思アルモノナリ

(5) 工事施工と原～中ノ峠間免許失効

免許線小松～遊泉寺～中ノ峠間の工事施工認可申請期限は免許から１年後の前日、1927(昭和２)年３月21日であった。うち小松～原間延長５哩24鎖(8.53km)は1926(大正15)年12月15日に工事施工認可申請がなされたが、原～中ノ峠間３哩26鎖(5.35km)は線路実測が未着手であったことから、認可申請がなされていなかった。白山電気鉄道は1928(昭和３)年１月20日に原～中ノ峠間の工事施工認可申請期限延期願を提出したが、期限から１年近く経過していることを理由に「指定の期限までに工事施工認可申請を行わなかったため」として、原～中ノ峠間は1928(昭和３)年２月23日に免許失効(官報掲載２月25日)となった。国立公文書館に残る文章によると、小松～原間の工事施工認可が許可となったのは1928(昭和３)年４月26日で、申請から１年以上経っていて、原～中ノ峠間の工事施工認可申請期限延期願が来て、小松～原間についても着目したのが実態であったと思われる。これを受けて1928年４月28日に小松～原間の工事着手届が提出された。同年８月18日付で石川県知事を通じて10ヶ所の工事変更申請がなされた。これによると、小松～遊泉寺間で工事が具体的に進行している様がうかがえる一方、遊泉寺～原間に関しては、中停車場・桂谷停留場・原停車場の設計図は添付されていたものの、「停車場停留場橋梁その他一切を変更」と記されているのに留まる。ただ、この時点で遊泉寺にてスイッチバックして原に向かう線形に変更されたことが見て取れる。これらのことから、この段階で小松～遊泉寺間でしか建設は具体化していなかったと推察される。

また、従前の電力供給事業者は小松鉄工所であったが、1928年８月25日認可申請・9月21日認可で小松電気に変更がなされた。なお、1938(昭和３)年４月28日の工事着手届の届出者は取締役社長鈴木源平であったが、同年８月25日の電力供給者変更認可申請の申請者は取締役社長石黴白静麿で、この間に社長の交代があったことが見て取れる。

地方鐵道工事施工認可申請書
今般弊社大正拾五年三月二十二日附監第四五七號ヲ以テ御免許ヲ蒙リ候　當會社小松、中海線路敷設工事ハ工事施工上二期ニ分ケ小松、原間ヲ第一期工事トシテ取急キ施行仕リ度別紙関係図書相添申請仕候間特別ノ御詮議ヲ以テ至急御認可相成度候様主務大臣御稟議被下度此段及御願候也
大正拾五年拾弐月拾日

石川縣小松町
白山電気鐵道株式會社
取締役社長　鈴木　源平

石川縣知事　白根　竹介　殿

昭和三年八月十八日

石川縣知事　中山　佐之助

鐵道大臣　小川　平吉　殿

地方鐵道線路及工事方法變更認可申請書進達ノ件
管下白山電気鐵道株式會社ヨリ標記申請書提出ニ付調査候處別段支障無之ニ付御認可相成度別紙及進達候也
(以下白山電気鐵道株式會社からの回答)
一、零哩四拾鎖六拾二節径一呎ノ土管伏設ヲ廃シ径間拾弐

白山電気鉄道が開業時に用意したデ形電車は北陸鉄道小松線になった後にモハ500形となった。　1962.8.1　小松　P：風間克美

呎橋梁ヲ架設ス

二、零哩五十九鎖五十六節径間拾弐呎ノ橋梁ヲ廃シ径一呎六吋ノ土管ヲ伏設ス

三、壱哩十九鎖九節二哩二十八鎖及二哩三十七鎖ニ径間一呎六吋ノ下水梁ヲ新設ス

四、二哩十鎖五十節径間六呎開梁ヲ廃シ同哩十二鎖三十五節ニ径一呎六呎土管ヲ伏設ス

五、三哩十三鎖六十節径九吋土管伏設ヲ廃シ径間一呎六吋下水梁ヲ架設ス

六、三哩十九鎖六十七節径間三呎開梁ヲ径間七呎開梁ニ変更ス

七、一哩五十一鎖若杉停留場ノ設置ヲ廃止ス

八、二哩三十三鎖佐々木停留場位置ヲ同哩三十七鎖五十節ニ変更ス

九、三哩二十八鎖七十節軽海停車場ヲ同哩三十六鎖五十節ニ変更シ其構内設備モ変更ス

十、三哩五十六鎖三十八節六分ヨリ終点五哩三十一鎖ニ至ル線路中心線ヲ変更且其ノ区間ニ於ケル停車場停留場橋梁其他一切ヲ変更ス

設計変更理由書

一～九（略）

十、三哩五十六鎖三十八節六分ヨリ終点ニ至ル線路中心線変更ノ理由ハ中海村字中ハ同村中枢要ノ地ニシテ旅客貨物モ多数ノ見込ナルモ既認可中停車場ハ同区トノ距離遠ク旅客乗降ニ不便且ツ営業上不利益ナリト認メ　原停車場ハ村各中心地ヨリ甚タシク低地ニシテ停車場ヘノ通路新設ニ就テモ困難ナルノミナラス旅客ノ乗降貨物集散ニ不便ノ位置ナリ依リテ中停車場及原停車場ヲ夫々區ノ中心地縣道附近ニ設置、一般公衆ニ便利ヲ謀リ且営業上ノ利益ヲ考慮シ夫レニ関連シテ線路中心線ヲ変更セントス尚ホ遊泉寺駅ハ右線路変更ニ伴ヒ其施設ヲ変更セントスルモノニシテ構内ニ於テ原方向ニ向フ線路ガ逆行セルハ変更線経過地形ノ関係上止ムヲ得ザル結果ナリト雖モ将来第二期線完成ノ暁ニ於ケル列車運轉上ノ便利ヲ考慮ニ入レ同駅ノ配線ヲ変更シタルモノナリ

1928（昭和３）年10月以降は開業に向けての動きが活発化する。

1928年10月20日に電動客車３輌、有蓋貨車２輌、無蓋貨車３輌の車輛購入の認可を申請。

1929（昭和４）年４月１日届出で八幡停車場を加賀八幡停車場に名称変更。

1929（昭和４）年４月１日工事方法変更認可申請・４月18日認可で信号機省略とした。

昭和四年四月一日

石川縣能美郡小松町字八日市町地方イ百三十一番地

白山電気鐵道株式會社取締役社長　石徹白　靜麿
鐵道大臣　小川　平吉　殿

工事方法變更認可申請書

昭和三年四月二十六日監第一貳五〇號ヲ以テ工事施工御認可合請ケ仕リ候工事方法外停車場信號機ヲ當社ノ列車ハ一箇列車ノミ運轉ノ為必要ヲ認メザルニ該信號機ヲ設置省略仕リ度候間御認可相成度地方鐵道施行規則第拾七條ニ依リ申請候也

続いて1929(昭和４)年４月12日工事方法変更認可申請・４月20日認可で、本線の一部と側線の軌条と継目板の変更が申請され、認可を得た。これら書類の往来を見ると、突貫工事の様が見て取れる。また、この時もそうだが、これ以降の届け出書類には「東小松」の文言が現れる。省線の小松の東に位置することから使用したと思われるが、国立公文書館に残る資料には、東を×で消したものも少なくない。

昭和四年四月二十日
石川縣能美郡小松町字八日市町地方イ百三十一番地
白山電気鐵道株式會社取締役社長　石徹白　靜麿
鐵道大臣　小川　平吉　殿

工事方法変更認可申請書

昭和三年四月二十六日監第一二五〇號ヲ以テ工事施工相成リ目下工事中ニ係ル線路ノ内二哩六鎖ヨリ三哩零鎖ニ至ル本線路、三哩五十鎖ヨリ同哩六十鎖ニ至ル本線路及東小松、加賀八幡、軽海各停車場側線ニ使用スル軌条及接目板ヲ別紙圖面ノ通リ変更仕度候ニ付御認可被成下度関係書類相添此段申請仕候也

理由書

軌条及付属品購入ニ際シ既認可通リノ品不揃ニシテ工期ヲ失スルノ虞レアルニ付止ムナク今回変更ノモノ市場在品購入併用セントスルモノナリ

1929(昭和４)年４月20日工事設計変更届で小松駅に車庫新設、本屋を廃止して乗降場に事務室を設置するように変更を行った。同時に遊泉寺構内の仮設認可申請も提出された

昭和四年四月二十日
石川縣能美郡小松町字八日市町地方イ百三十一番地
白山電気鐵道株式會社取締役社長　石徹白　靜麿
鐵道大臣　小川　平吉　殿

停車場仮設備認可申請書

昭和三年四月二十六日監第一二五〇號ヲ以テ工事施工相成リ目下工事中ニ係ル線路ノ内東小松、遊泉寺間ハ竣工致候ニ付近々運輸開始致度候所遊泉寺停車場構内ノ設備ハ工事ノ都合上完成致難ク候ニ付右区間運輸開始ニ就テ別紙圖面

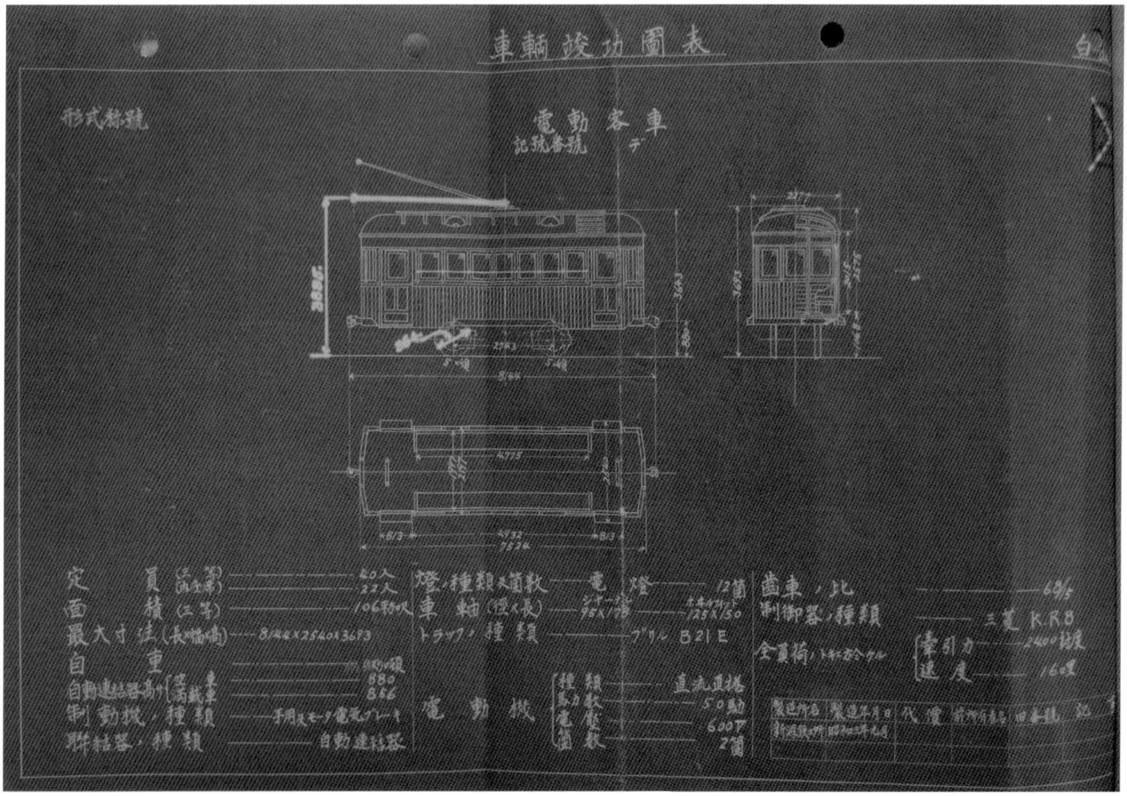

車輌竣工図表 白山電気鉄道 電動客車デ形。　　所蔵：国立公文書館

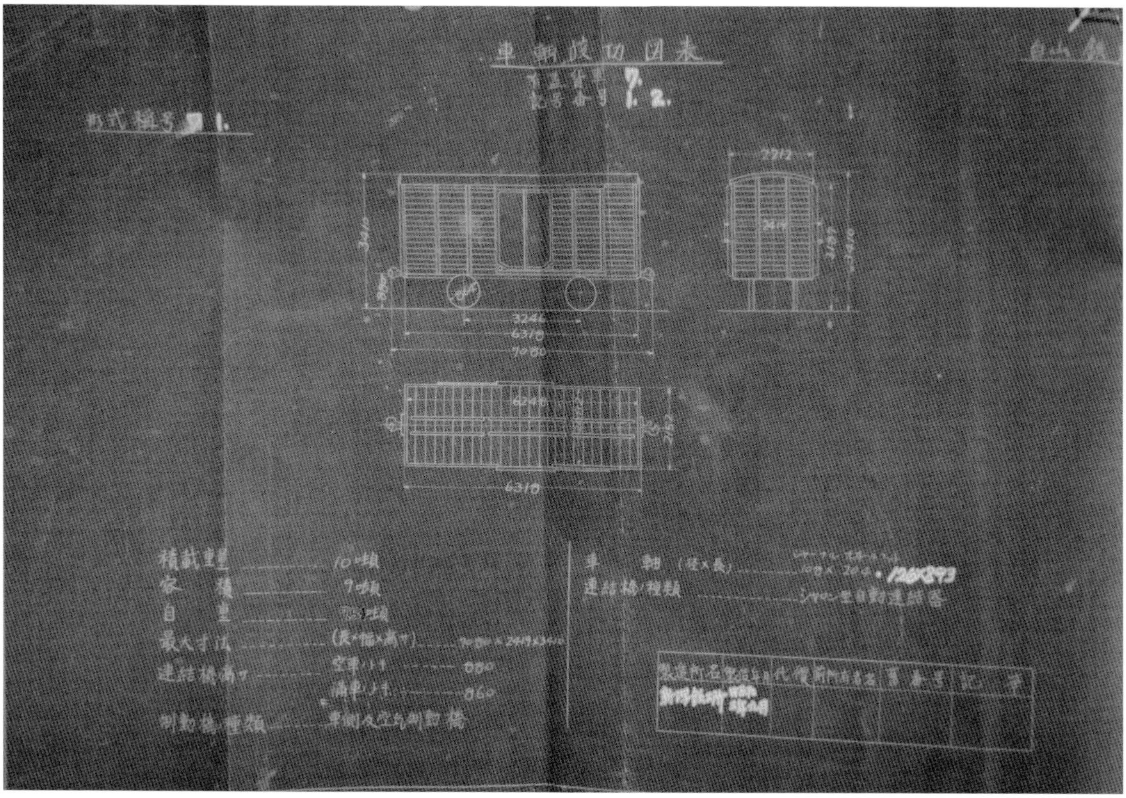

車輌竣工図表 白山電気鉄道 有蓋貨車ワ形。 所蔵：国立公文書館

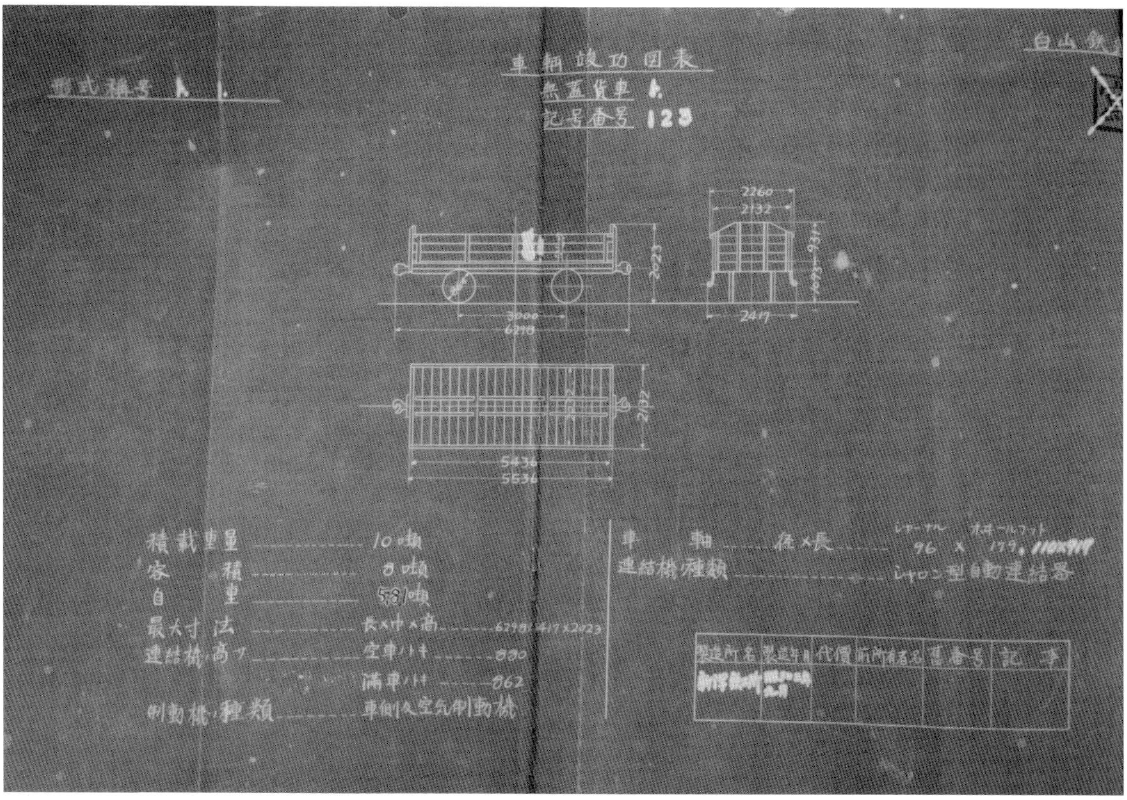

車輌竣工図表 白山電気鉄道 無蓋貨車ト形。 所蔵：国立公文書館

鵜川遊泉寺駅構内に設置されていた変電所。
1985.5.26　鵜川遊泉寺
P：飯野浩三

ノ通リ同駅構内設備ヲ仮設仕度候間御認可相成度及申請候也
追而假設備使用期限ハ東小松遊泉寺間運輸開始御認可ノ日ヨリ昭和四年十二月三十一日迄トス

1929(昭和４)年５月12日に打越停留場附近線路変更届と、小松・加賀八幡・遊泉寺駅設備変更届が提出された。また４月27日に小松構内の仮設認可申請も提出され、５月13日に認可となった。

竣工検査は1929(昭和４)年５月14日に実施された。
昭和四年五月十四日

技師　橋口　行彦
技手　野元　秀隆
雇　斎藤　秀一
雇　大橋房次郎
雇　鎌田　廣志

白山電氣鐵道株式會社
小松遊泉寺間線路敷設工事竣功監査報告

竣功線路ハ石川縣能美郡小松町ニ於ケル國有鐵道小松停車場構内起点零哩(停車場中心零哩四鎖五十五節)ヨリ同縣同郡國分村ニ於ケル遊泉寺停車場(中心哩三哩五十八鎖五十節)ニ至ル延長三哩五十八鎖五十節ニシテ地勢平坦工事モ亦容易ナリ
本区間線路ハ大体竣功ヲ告ゲ車輛、電氣、其ノ他ノ運転設備モ概ネ完成セリ　右線路工事及運輸関係ノ大要ハ別紙工事方法概要書及諸表ノ如シ
尚別紙請書各項ノ施設未タ整備スルニ至ラズ就中第一項及第三項ハ運輸開始前之完了シ其他モ遅滞ナク竣功セシムルク要ス
電動客車(定員換算荷重ヲ積載ス)ニ無蓋貨車一輌ヲ連結シ所定速度ヲ以テ本区間ヲ走行セシメタルニ線路、車輛及電氣設備共異状無ク運転セリ而シテ前記急須ノ施設ニ對シテハ別紙ノ如ク竣功ノ電信報告アリタルヲ以テ地方鐵道法第十六條ニ関スル工事ニ付地方廳ノ承認ヲ受クルニ於テハ本区間運輸開始ノ件支障ナシト認ム
追テ地方鐵道法第十六條ニ関スル工事ニ付所管行政廳ノ承認ハ地方廳ノ分ヲ除キ別紙寫ノ如シ

名称	所在地	位置			
		哩	哩	節	
小松	石川縣能美郡小松町	○	四	五五	驛事務室、待合所、客車庫、構内側線 車庫線、便所ノ設備アリ
打越	同　縣　同 郡白江村	一	二七	五○	乗降場
加賀八幡	同　縣　同 郡白江村	二	二	○	上下本線及貨物側線 旅客乗降場、貨物揚卸場、本家
佐々木	同　縣　同 郡中海村	二	三七	五○	乗降場
軽海	同　縣　同 郡中海村	三	二六	五○	退避側線、貨物側線 乗降場、本家、便所
遊泉寺	同　縣　同 郡國府村	三	三八	五○	乗降場、貨物、貨物側線、本家、便所 変電所

各停車場ニ電話通信ノ設備アリ
打越及佐々木ハ停留場ナリ
一列車折返運転ナルヲ以テ列車保安方ヲ施行セズ

小松遊泉寺間工事方法概要

鐵道ノ種類	単線電氣鐵道
軌道ノ間隔	十一呎
最小曲線	半径八鎖
最急勾配	五十分の一
施工基面幅	築堤・切取共十三呎
軌道重量	一碼ニ付六十封度
枕木敷設間隔	最大間隔ニ呎八吋二分ノ一
道床ノ厚	平均一哩ニ付砂利二百
轍叉ノ番号	八番
線路標識	整備

それに対する指摘事項と、それに対する白山電気鉄道の回答は次の通りであった。

請書

事項	竣工豫定期日
一、三哩附近ヨリ遊泉寺駅構内ニ至ル間ニ於テ建築定規ニ抵触スル電柱八本ヲ手直スルコト	五月十三日
二、加賀八幡、軽海及遊泉寺各駅ニ電気設備ヲ完成スルコト	五月十三日
三、軽海停車場ニ於テ貨物側線ノ転轍器ニ重錘ヲ取付タルコト	五月十三日
四、小松駅ニ於ける車庫門路柱軌道中心ヨリ距離ヲ五呎以上ニ改ムルコト	五月十三日
五、加賀八幡、軽海停車場ニ於テ道路ト並行スル区間ノ線路ト道路トノ境界ヲ設置スルコト	五月十五日
六、三哩五十一鎖八十五節所在径間五十呎四連橋梁ニ於テ橋脚上鐵柱ノ支柱取付ヲ完成スルコト	五月十五日
七、小松駅ニ於ケル省線連絡跨線橋ヲ完成スルコト	五月二十三日
八、電車ニ自重及定期検査施行月日ヲ見易キ場所ニ明記スルコト	五月二十日
九、鑽電線ノ施設ヲナスコト	第一期線全通前ニ竣工

前記各項共ニ夫々竣工豫定期日迄ニ

こうして、1929(昭和４)年５月15日に小松～遊泉寺(後の鵜川遊泉寺)間5.9kmが軌間1,067mm・600V動力で開業した。認可日と開業日が同日であることが、慌ただしさを示している。全長5.9kmと短距離で、旧専用軌道の用地を再利用しての開業に、免許から３年以上の歳月を要したのは、この鉄道の苦闘ぶりがうかがい知れる。

(6) 開業後の苦境

1929(昭和４)年５月15日に小松～遊泉寺間5.9kmで開業した白山電気鉄道は、苦しい経営状況が続いた。旅客はともかくとして、貨物は予想から大きく外れて、少ない旅客収入の２％にも満たなかった。

そのような状況下、開業の年1929年の年末12月23日10時に破産決定の宣告を受ける。破産宣告は翌1930年５月１日に棄却の判決に至ったが、以降も苦しい経営に変わりはなかった。破産決定の宣告から棄却までの経緯は、国立公文書館に残る鉄道省文章に記されている。

監鐵第四九〇九號
昭和五年五月三十日
鐵道省監督局長
白山電気鐵道株式會社専務取締役殿
照会
昭和五年五月十二日付白鐵第十八號ヲ以テ破産宣告取消決定確定ノ件、報告相成候處破産宣告ヲ受ケタル以後今日ニ至ル迄ノ経過ヲ詳細説明相成度

白鐵第参〇號
昭和五年五月三十日
石川縣能美郡小松町字八日市町地方イ百三十一番地
白山電気鐵道株式會社
専務取締役　黒川　孫四右衛門
鐵道省監督局長
丹羽　武朝　殿

破産中経過報告

當會社ハ昭和四年十二月二十三日午前十時破産決定ノ宣告ヲ受クルヤ直ニ破産管財人横井伊佐美代本社財産ノ占有及管理ニ着手スル趣ノ告知ヲ受ケタルヲ以テ取締役北島藤太郎ハ右管財人及金澤區裁判所書記有澤茂男立会ノ上帳簿書類、印鑑、現金預金通帳其他財産全部ノ引渡ヲ了セリ
然リト雖モ當會社ノ營業ハ鐵道運輸ニ係リ之ヲ休止セラルル時ハ交通上由々敷一大事ヲ惹起スル處レアルノミナラズ時年末年始ニ當リ一般地方民ニ及ホス不便尠カラス且ツ破産財團ノ収益上ニ於テモ影響ヲ及ホス次第ナルヲ以テ右横井管財人ニ對シ營業継続ヲ懇願シタル結果、横井管財人モ營業継続方針ヲ執ルコトヲ決意シ金澤區裁判所ニ申請ノ上營業継続ノ許可ヲ得、引続キ昭和五年一月二十一日第一回債権者會議ノ決議ヲ経營業ヲ継続シ今日ニ至リシ次第ニ有之候
一方當會社取締役ニ於テハ直ニ取締役會ヲ開催此レガ善後策ニ付協議スルト共ニ直ニ辯護士開戸寅松、豊島武夫ノ両名ヲ代理人トシ破産決定ニ對シ直ニ金澤區裁判所ヘ抗告セリ右抗告ハ金澤地方裁判所ヘ移送セラレ同所ニ於テ審理セラルルコトナレリ
而シテ各取締役ハ各債務者ニ對シ破産取消ニ了解ノ為ニ日夜不眠不休ノ活動ニ依リ殆ド全部ノ和解成立ヲ見ルニ至レリ
昭和五年二月十日金澤地方裁判所ニ於テ第一回口頭辨論開カレ再来数回ノ辨論ヲ経テ遂ニ四月十四日左ノ通決定セラル

小松発の列車は終点鵜川遊泉寺駅の直前で梯川を渡る。
1984.11.9　軽海―鵜川遊泉寺　P：毒島淳一

主文
原決定ハ之ヲ取消ス　本件破産申立ハ之レヲ棄却ス
右決定ハ公告期間ヲ経テ昭和五年五月一日金澤地方裁判所ニ於テ確定シタル旨破産管財人ニ告知セラレ四ケ月有余ニ至當會社破産事件モ解決ヲ見ルニ至リシハ當會社ノ最モ欣幸トスル所ナリ
五月一日破産取消決定確定後破産管財人ニ於テ引継整理ヲナシ金澤地區裁判所監督ノ下ニ曩ニ引渡シタル帳簿書類、印鑑、現金預金通帳其他財産全部引渡ヲ受ケ更メテ従前ノ通リ営業継続ヲナスニ至レリ當會社其債務多額ナリト雖モ其経営良ロシキヲ得其第二期線完成、鐵道財団ノ設定認可ヲ得バ将来甚ダ有望ナル鐵道ナリト信スルモノナルヲ以テ直ニ會社内部ハ陳客ヲ更メ内容ノ充実記ヲ期スヘク今ヤ着々整理中ニ有之候
以上ノ外破産中ノ営業状況等ニ就而ハ破産管財人ノ管理中ニ属スルヲ以テ同管財人ニ御照會被下矣様致度候
右本月二十日付監鐵第四九〇九號ヲ以テ御照会ニ依リ及報告候也

開業３年目の1931（昭６）年度の営業状況を鉄道統計資料（鉄道省編）から抜き出すと、列車距離は混合列車が175,296km。全列車が全営業区間の運転であったとすると１日35本、同17～18往復の運転であったことがわかる。輸送人員は180,059人、小荷物６t、小口扱貨物223t、車扱貨物227t。運賃は旅客が17,351円、小荷物46円、郵便物240円、貨物499円。ちなみに同年度で白山電気鉄道より輸送人員が少なかった1,067mm軌間・電気動力の鉄道は、北恵那鉄道179,263人、三山電気鉄道170,659人、谷汲鉄道139,746人、高畠鉄道153,334人、肥前電気鉄道149,938人、雄勝鉄道124,123人、洞爺湖電気鉄道70,778人、広瀬鉄道129,381人、布引電気鉄道66,879人、池田鉄道85,681人の10社しかなかった。石川県下では能美電気鉄道が378,850人、金名鉄道（蒸気動力）が100,555人であったが金名鉄道は貨物が2,967tあった。運輸収入は18,161円。同じく同年度で白山電気鉄道より運輸収入が少なかった1,067mm軌間・電気動力の鉄道は、肥前電気鉄道15,308円、池田鉄道9,867円の２社しかなかった。営業費は19,425円で1,264円の営業赤字で、繰越欠損金は214,589円であった。

このような状況下、1931（昭和６）年２月14日付で地方鉄道補助の申請を行ったものの認められなかった。国立公文書館に次の資料が残る。

昭和六年弐月拾四日
白山電気鐵道株式會社
専務取締役　黒川　孫四右衛門
鐵道大臣　江木　翼　殿
補助許可相成度儀ニ付申請
當社線東小松、遊泉寺間ハ昭和四年五月拾五日開業仕候モノニ御座候處何分短距離ナルト豫定線未完成ノ為メ豫期ノ成績ヲ挙ケ難ク経営困難ニ陥リ居候間何卒特別ノ御詮議ヲ以テ御補助相成度地方鐵道補助法第壹條ニ基キ別紙関係書類相添ヘ此段及申請候也

この申請には、役人の手によるメモが添付されている。

東小松ハ工事認可ノ際ノ名称ナリ　駅名ハ小松ニ付申請区間ハ小松遊泉寺ヲ正当トス

白山電氣鐵道補助許可申請却下ノ件
白山電氣鐵道株式會社
昭和六年二月十四日附申請小松鵜川遊泉寺間地方鐵道補助ノ件聽届ヲ難シ
六年八月八日　大　臣

計画時の貨物輸送は、運輸収入が旅客を上回るほどで、開業に合わせて有蓋貨車２輌と無蓋貨車３輌を新造していた。しかし、開業後は全くの不振を極めた。その理由の一つが小松駅で省線と線路がつながっていないことで、1933（昭和８）年に打開に向けた申請がなされた。

小松停車場設計変更認可申請書
弊社小松停車場構内設備設計変更致度候間御認可相成度別紙圖面、理由書及工事方法書相添申請仕候
昭和八年六月八日
石川縣能美郡小松町字八日市町地方イ百三十一番地
白山電気鐵道株式會社
専務取締役　黒川　孫四右衛門
鐵道大臣　三士　忠造　殿
一、當社線ハ小松駅ニ於テ貨車直通連帯運輸ヲ為ス計画ナ

ルモ種々都合上未ダ其運ニ至ラズ従ツテ省社線側線ノ連絡工事モ未完成ノ侭今日ニ至リタルモ今回其設備ヲ完成シ連帯運輸ヲ実施セントス　既認可ノ設計ハ転車台ヲ設ケ當社側線ノ連絡ヲナスモノナルモ操車其他ニ於テ不便ナルベキヲ考慮シ曲線ヲ以テ連絡スルコトニ其設計ヲ変更セントス

ニ、本社建物ヲ設クル計画ナリシモ社運未ダ其機ニ達セズ未竣工ノ侭ナリ　今回其設計ヲ変更シ出札所ヲ設ケ本社ノ事務ハ乗降場ノ事務所ニ於テ之ヲ行ハントス

工事方法書

出札所ハ木造平屋建トス

當社線連絡曲線路ハ昭和三年四月二十六日監第一二五〇號認可工事方法書ニ拠リ施行ス

追而鐵道省側線分岐点ノ転轍器及鐵叉ハ既ニ名古屋鐵道局ニ於テ布設済ノモノナリ

省線小松駅とは連絡曲線が設けられたと思われるが、次の届出からは貨物の連帯運輸が認められず、側線が撤去されたことがわかる。従って、小松線は終始線内貨物のみの営業であった。鉄道統計資料では昭和12年度の車扱貨物が17,847tと他の年度に比べて突出しているが、その理由はよくわからない。

昭和十三年九月二十一日

小松電気鐵道株式會社

代行取締役　町谷　彦作

鐵道省監督局長　殿

小松停車場構内設計変更認可申請

今般当社小松停車場構内設備左記ノ通リ設計変更仕度間御認可相成度理由書圖面相添申請仕候也

左記

一、省線トノ連絡側線撤去

二、車庫移転増築及其レニ伴ウ側線の撤去

三、貨物積卸シ兼補助乗降場新設

四、用地ノ変更

設計変更理由書

一、省線連絡側線ハ省社線連帯運輸貨車直通運転実施ノ目的ヲ以テ布設シタルモ申請ノ結果連帯ガ認可トナラス従ッテ該側線利用ノ途ナクニ爾来今日機ノ到来ヲ待チシモ未ダ早急ニ連帯運輸実施ノ時機到来至難ナリト思考スルヲ以テ今回他ノ施設改良ニ伴ヒ一先之ヲ撤去セントス

二、現在車庫ノ位置ハ電車及貨車ノ運転入替ニ不便且大サモ狭隘ナルヲ以テ之レヲ移転増築シ且ツソレニ伴フ側線ノ配置ヲ変更セントス

三、従来貨物ノ積卸ハ連絡曲線附近ニ於テセンモ不便ニ付現電車発着線ヲ挟ンデ向ヒ側ニ積卸場ヲ設且ツ紋日等ニ於テ旅客混雑ノ場合之レヲ補助乗降場ニ併用スル為メ軌条面上ノ高サヲ二呎〇吋ニ設ケントス

四、用地ノ変更ハ(イ)積卸場兼乗降場新設ノタメ一部増シ(ロ)連絡曲線撤去跡ノ廣場ハ目下時局多端ノ折柄隣接地小松製作所ニ於テ軍需工業用材料置場トシテ使用シタリ要望セラレ居リ此際其空地ヲソレニ利用スル事ガ機宜ヲ得タル事ト思考スルヲ以テ用地ヲ変更セントスルモノナリ車庫移転用地ハ一部不足ノタメニ変更ス

北陸線とは直角の方向を向いた起点の小松駅舎。小松での省線〜国鉄線への貨物の連帯運輸は最後まで行われなかった。

1962.8.1　小松　P：風間克美

3. 未成線廃止後に社名変更

白山電気鉄道は小松～遊泉寺間開業の時点で２つの未開業線を有していた。国府村字鵜川～中海村字原間１哩74鎖26節（3.117km）＝建設費不詳（開業費に含む）と、国府村地内遊泉寺～大谷間６哩51鎖（10.500km）＝建設費概算559,948円であった。

(1) 遊泉寺～原間起業廃止

遊泉寺～原間は小松～遊泉寺間と同時の1928（昭和3）年４月26日に工事着手届を提出したが、実際に工事を着手したのは小松～遊泉寺間のみで、遊泉寺～原間については未着手であったと思われる。同年８月18日付で石川県知事を通じて10ヶ所の工事変更申請がなされた際も、遊泉寺～原間に関しては、中停車場・桂谷停留場・原停車場の設計図は添付されていたものの、「停車場停留場橋梁その他一切を変更」と記されている。

小松～遊泉寺間開業後の1929（昭和４）年９月12日の一部工事竣工期限延期申請では、用地買収は終点付近を除いて終えていて、途中に地元の耕地整理組合用水隧道があって、その補強についての話し合いが難航していると報告されている。

一部工事竣工期限延期許可申請書

昭和参年四月二十六日監第一二五〇號ヲ以テ工事施行認可相受小松 原間ノ工事ハ御認可ト共ニ着工仕リ其一部即チ小松 遊泉寺間ハ既ニ竣功シ御認可ヲ得運輸営業罷在候ヘ共其残部即遊泉寺 原間ノ工事ハ別紙理由書ノ通リ指定期限迄ニ竣功致兼候間　特ニ昭和五年十二月三十日迄延期御許可相成下度此段及申請候也

昭和四年九月十二日

石川縣能美郡小松町字八日市町地方イ百三十一番地

白山電気鐵道株式會社

専務取締役　北島　藤太郎

鐵道大臣　江木　翼　殿

工事竣功期限延期申請理由書

現在工事ハ五哩弐拾鎖附近迄土木橋梁其他下部工事竣功シタリト雖モ五哩弐拾鎖、終点間用地ノ買収困難ナリシ為メ之レカ交渉ニ意外ノ日数ヲ費シ且該區間線路中耕地整理組合用水隧道ニ接近敷設サルル為メ地元住民ニ危惧ノ念アリ、依テ一部保護工事ヲ施工センガ為メ目下其工事程度工法ニ就キ関係區民ト交渉中ニシテ遺憾ナガラ期限内ニ竣功スル能ハス延期申請ノ己ムナキニ至リタル次第ナリ

昭和五年八月四日

石川縣知事　中野　邦一

鐵道大臣　江木　翼　殿

白山電氣鐵道工事竣功期限伸長方申請ニ関スル件

管下白山電氣鐵道株式會社ヨリ第一期線未竣功區間遊泉寺、原間工事竣工期限伸長方ニ関シ別紙ノ通申請ニ付而来會社内状等ニ付キ調査中ニ有之候處事實會社申請ノ如ク線路用地ノ買収ノ容易ナラサリシニ加ヘ線路ノ一部カ用水隧道上ノ為之カ補強工事ニ関スル地元トノ設計協議ニ多大ノ日子ヲ消費シ為ニ竣工期限延期申請止ムナキニ至リタルモノニ有之事情不得止モノト認メラレ候而シテ同社ハ幹部交迭以来鋭意之カ完成ニ務メ用地買収及隧道補強ニ付テモ地元トノ協定ヲ遂ケ且ツ地元民ニ於テモ之カ完成ヲ希望シ居ル次第ニ有之候添特ニ御許可相成様致度候

この申請は1930（昭和５）年10月２日に許可となり、その後1931（昭和６）年10月30日までの延期許可申請がなされた。鉄道省から工程表の提出を求められた際の1931年１月14日付の回答は次の通りであった。

昭和六年一月十四日

白山電気鐵道株式會社

専務取締役　黒川　弥四右衛門

鐵道省監督局長　丹羽　武朝　殿

地方鐵道工程表届出

當社線小松、原間工事工程表別紙ノ通リ御届候也

遊泉寺、原間工程表

延長1m74c26

白山電気鉄道株式會社
昭和五年十二月三十一日現在

	総量	前期未成工割合	現在成工割合
用地	25反4	50%	80%
土木	4,360立坪	60%	40%
橋梁	30呎	40%	60%
溝橋	5カ処	90%	10%
停車場	2カ処	80%	20%
伏樋	1m93	60%	40%

備考　小松、遊泉寺間ノ開業線ヲ除ク

これによると、用地買収は80％終えていて、橋梁工事も60％が終了していることになっている。しかし、そのような事実はなかったと思われる。

２度目の延期許可申請は1931（昭和６）年５月12日許可で、1931年10月23日に３度目の延期許可申請がなされた。ところがその理由は資金不足に変わっている。

昭和六年十月二十三日

石川縣能美郡小松町字八日市町地方

白山電気鐵道株式會社

専務取締役　黒川　弥四右衛門

鐵道大臣　原　修次郎　殿

一部工事竣功期限延期許可再申請書

昭和六年三月十二日付監第八六六號ヲ以テ本鐵道鵜川遊泉寺 原間工事竣工期限本年十月三十日迄延期御許可相成候處別紙理由書ノ通リ該延期ノ竣功期限迄ニ到底竣功致シ難ク候間　更ニ昭和七年十月三十日迄特別ノ御詮議ヲ以テ延期御許可被成下度此段申請候也

工事竣功期限延期申請理由書

昭和五年十二月十八日付白鐵第一一八號申請理由ノ通リ本申請区間ノ工事ハ鵜川遊泉寺 大谷間ノ工事施行認可ト共ニ着手ノ手配ヲナシ居タルモ建設費ニ要スル資金ノ関係上着手ノ運ビニ至ラス目下資金達ノ途モ略ニ成立シ近々確定ヲ見ルノ機運ニ至リ鵜川遊泉寺、大谷間工事着手ト共ニ其残工事ヲ完成シ遅クトモ明年十月三十日迄ニ竣功ヲナスヘキ計画ニテ目下本申請區間ノ工事急施行ハ困難ニ付再ヒ延期申請ヲナシタル次第ナリ

このように鵜川遊泉寺～原間は、３回の工事竣工期限延長を行ったものの、1933(昭和８)年２月28日申請・４月24日認可で起業を廃止した。

昭和八年二月二十八日

石川縣能美郡小松町字八日市町地方イ百三十一番地

白山電気鐵道株式會社

代行取締役　中木戸　　佐　吉

代行取締役　清水　太郎右エ門

鐵道大臣　三上　忠造　殿

鵜川遊泉寺、原間起業廃止申請書

大正十五年三月二十二日監第四五七號ヲ以テ免許申候小松町ヨリ中海村ニ至ル鐵道中、鵜川遊泉寺、原間　當社財政上ノ都合上廃止致シ度候間別紙社員ノ同意書相添此段申請候也

(2) 遊泉寺～大谷間免許失効

遊泉寺～大谷間は1927(昭和２)年７月13日付で免許となったが、1928(昭和３)年７月12日の工事施工申請期限を過ぎても動きがなく、小松～遊泉寺間開業後の1930(昭和５)年８月26日に鉄道省監督局長から石川県知事宛に照会が入った。石川県知事からの回答は次の通り。

昭和五年九月十一日

石川縣知事

鐵道省監督局長

白山電気鐵道工事施工認可申請ニ関スル件

客月廿六日付監鐵第八一五〇號ヲ以テ標記ノ件御照會相成候處右ハ工事施工認可申請ニ依リ実地調査ノ結果線路ノ一部ヲ変更シタル為河川附換ノ必要ヲ生シ目下地元ト設計協議中ニ有候條

そして、1928(昭和３)年７月11日になって工事施工認可申請書が提出された。

白鐵第一七八號

工事施行認可申請書

昭和二年七月十三日付監第一九二八號ヲ以テ地方鐵道敷設免許相受候處今般工事施行致度候ニ付特別ノ御詮議ヲ以テ至急御認可相成度関係圖面及書類相添及申請候也

昭和三年七月十一日

白山電気鐵道株式會社

取締役社長　石徹白　靜磨

鐵道大臣　小川　平吉　殿

その工事施工認可は1931(昭和６)年８月31日付であった。

白山電気鐵道株式會社

昭和三年七月十一日附白鐵第一七八號申請鵜川遊泉寺大谷間工事施行ノ件認可ス

本工事ハ昭和七年二月二十九日までニ着手シ昭和八年二月二十八日迄ニ竣功スヘシ

六年八月三十一日

大　　臣

鵜川遊泉寺～大谷間については1932(昭和７)年４月21日に同年４月22日に工事に着手する工事着手届が出された。しかし、実際には着手はなされていなかったようで、1933年２月13日に工事竣工期限延期許可申請書が提出され、同年３月31日に1934年２月28日までの延期が認可となった。

昭和八年二月十三日

石川縣能美郡小松町字八日市町地方イ百三十一番地

白山電気鐵道株式會社

代行取締役　清水　太郎右エ門

代行取締役　中木戸　　佐　吉

鐵道大臣　三上　忠造　殿

工事竣功期限延期許可再申請書

昭和六年八月三十一日付監第二三〇八號ヲ以テ工事施行認可相受候鵜川遊泉寺 大谷間軌道工事ハ土地買収、資金調達等ノ関係上御指定期日迄ニ竣功致シ難ク候間何卒特別ノ御詮議ヲ以テ昭和九年二月二十八日迄竣工期限延期許可被下成度地方鐵道法施行規則第十六條ニ依リ延期理由書類相添ヘ此段及申請候也

延期申請理由書

昭和六年八月三十一日付監第二三〇八號ヲ以テ工事施行認

可相受ケ候鵜川遊泉寺 大谷間ノ軌道工事ハ土地買収其他ノ都合上御指定期日迄ニ着工致シ兼ネ昭和七年一月十一日付監第二五五號ヲ以テ工事着手期限許可相受ケ漸ク該期日内ニ着手スルコトヲ得、同年末迄ニ一部土木モ終リ近々該區間ノ竣功ヲ計ル可キ豫定ノ處本年當地方ニ於テハ積雪甚ダシク目下工事休止ノ止ムナキニ至リ候　然シ共諸般準備怠ラズ雪消エト共ニ一意工事進捗ヲ計リ今秋迄ニ一部竣功ナスヘキ豫定ニ御座候　尚他所ニ於テハ土地買収ノ至難ノ箇所モアリ建築費ニ要スル資金調達ノ関係上該期限内ニ全部ニ渉リ竣功至難ノ候ニ付特別ノ御詮議ニ預リ竣工期限ヲ昭和九年二月二十八日迄伸長許可相受ケ候上ハ極力資金調達ト共 直チニ急施行ヲナシ竣工仕ルヘキ心算ニ御座候

鵜川遊泉寺～大谷間の工事竣工期限延期に関しては1934年２月23日にも1935（昭和10）年２月28日までの延期申請が提出されたが、1935年８月19日付で工事期限延長願が却下されて免許失効となった。

鵜川遊泉寺～大谷間は未成線のまま（おそらく着工に至らぬまま）終わった。ところが1930（昭和５）年陸軍陸地測量部発行の５万分の１地形図では鵜川遊泉寺～河田間が開業していた。

今尾恵介著「地図で歩く廃線跡」P87 ～ 98の「開業していない廃線を歩く・幻の河田駅を訪ねて」によると、戦前の20万分の１帝国図「金沢」と５万分の１地形図「鶴来」に遊泉寺～河田間の鉄道線と「はにた」「かうだ」駅が記されている。また国府村史では「遊泉寺鉄道も（中略）北陸鉄道に併合され、遊泉寺駅を河田駅まで延長、路線の敷設までに至りましたが、戦争によって実現に至らず、今なお土堤のみ淋しく草の生えるにまかせています。」と記されているという。これについて今尾氏は「それにしても、正確で定評のあった「陸地測量部」の地形図が、工事中の路線を表示してしまうという、とんだフライングをしたものだ。しかし、あの当時は一日で『親指の爪一枚』ほどの面積しか描けないほど、製図には芸術的に手間がかかっている。測量開始から地形図の完成までの所要時間は今とは較べものにならない。あとは枕木を並べるだけ、という鉄道を記入してしまっても担当者を責められないだろう。」と述べている。また、次のような記述もある。「昭和初期のことを聞くには70歳代半ば以上でないといけ

国土地理院発行1/50000地形図「小松」「鶴来」（昭和5年修正測量・昭和22年発行）より縮小の上転載。未成線のはずの鵜川遊泉寺～河田間が営業路線の如く描かれており、昭和23年発行分まで（昭和27年に改訂されるまで）掲載されていた。

終点の鵜川遊泉寺駅。延伸予定線は免許失効となり、1986年の路線廃止時まで終着駅であった。　1973.6.16　鵜川遊泉寺　P：荻原俊夫

ない。『河田まで電車が走ったことはあるんですか』『いや、工事はしたけど中止。金がなくなったのかねえ』」。

この記述にはいくつかの点で疑問がある。先述の通り、1930（昭和５）年当時の白山電気鉄道の開業区間は小松～遊泉寺間のみで、地図の記述は「うがはゆうせんじ」になっていることから、鵜川遊泉寺は開業時から遊泉寺ではなく鵜川遊泉寺であったのかもしれない。この当時は遊泉寺～原間と、遊泉寺～大谷間の２つの未成線があった。前者は工事施工が認可された工施線（実態はともかくとして）だったが、後者は工事施工認可前であった。1930年の時点では遊泉寺～河田間は工事に入っていなかったと思われる。

しかし、鵜川遊泉寺～河田間は、築堤跡の一部が残り、着工されたことは間違いない。先の村史に、「北陸鉄道に併合され、河田まで延長」とある。この記述が正しいとすると、後述の通り戦時中に加賀佐野～鵜川遊泉寺間が免許となったその時に鵜川遊泉寺～河田間が先行着工されたと見るのが妥当だと考える。それにしても1930年の地形図になぜ記載されたのかは、謎のままである。

(3) 小松電気鉄道に社名変更

鵜川遊泉寺～原間は1933（昭和８）年４月24日認可で起業を廃止、鵜川遊泉寺～大谷間は1935（昭和10）年８月19日付で免許失効となった。これらのことから白山電気鉄道の未成線はなくなり、免許路線は小松～鵜川遊泉寺間の開業線のみとなった。白山麓を目指したことから命名された社名は実態とかけ離れてしまったことから、1937（昭和12）年11月４日に小松電気鉄道に社名を変更した。また、開業以来の業績不振から、この時に半額減資後に増資を行い、資本金は40万円となった。

1941（昭和16）年度の運輸成績は旅客57万人、貨物770t、営業収入62,788円で、軌間1,067mmの電化私鉄としては、広瀬鉄道（後の一畑電気鉄道広瀬線）、谷汲鉄道（後の名鉄谷汲線）並に小規模であることに変わりがなかったが、輸送人員は開業時の３倍近くになっていた。輸送人員は1942（昭和17）年度に70万人を超え、戦時中に燃料が欠乏して自動車交通が麻痺状態になると、電気動力の鉄道に地域輸送が集中するようになり、昭和20年度は100万人を突破した。

小松製作所

小松製作所の工場の片隅に設置されていた感のある小松線小松駅。５輌配置されたモハ3000形が全数停車中である。駅からは国鉄線連絡口と小松製作所専用改札があるのみで、直接外界へ出る出口はなかった。駐車場になっている左下には、1977年までは尾小屋鉄道新小松駅の施設が位置した。

1976.4.9　小松　P：風間克美

4. 北陸鉄道小松線

(1) 北陸鉄道に営業譲渡

石川県下の中小私鉄は、戦時中の国策もあって、最終的には産業色の強い尾小屋鉄道以外のすべての鉄道・バス事業者が北陸鉄道となった。その過程は一筋縄ではなく、1943(昭和18)年10月13日に、北陸合同電気の旧金沢電気軌道等が分離した(旧)北陸鉄道・能登鉄道・温泉電軌・金名鉄道・金石電気鉄道・湯涌自動車・七尾交通の7社が合併して北陸鉄道となる。次いで笹村自動車ほか18事業者を同年12月31日に統合買収する。そこから漏れたのが小松電気鉄道と浅野川電気鉄道で、両社は合併を頑なに拒否し、小松電気鉄道は終戦前の1945年7月20日に北陸鉄道に設備など一切を譲渡して、会社は解散。浅野川電気鉄道が北陸鉄道に合併されたのは終戦後の1945年10月1日であった。経営状態が良好であった浅野川電気鉄道が合併を拒否し続けたのは理解できるとして、従前経営に苦しんでいた小松電気鉄道が統合を拒んでいたのは、小規模であるがゆえに目に留まらなかったという見方もできたが、第二次世界大戦が終局に近づくと、鵜川遊泉寺駅近くの洞窟に海軍軍需部の施設や中島飛行機の疎開工場が設営された。それにより乗客も増え、小松電気鉄道としては有史上の最盛期を迎えていた。

石川県史現代編2によると、「しかし北陸鉄道に県警察部の推薦で支配人に入った前保安課長西村朝栄が合併につとめ、反対していた社長の町谷彦作を小松署に拘束している間に北陸鉄道への統合を完成させた」。とある。

地方鐵道譲渡許可申請書

大正十五年三月二十二日附監第四五七號を以て鐵道敷設免許相受け営業中の處今般別紙理由に依り北陸鐵道株式會社に本鐵道の一切を譲渡致度候に付御許可被下度別紙関係書類添附通着を以て此段及申請候也

昭和二十年五月三十日

譲渡人　小松市八日市町地方イ百三十一番地
小松電氣鐵道株式會社
取締役社長　町谷彦作
譲受人　金澤市上胡桃町百五十二番地
北陸鐵道株式會社
取締役社長　林屋亀次郎

運輸大臣　小日山　直登　殿

理由書

近来小松市を中心として各種重要工場の飛躍的発展と○○*施設の拡充強化に伴ひ客貨共に激増致し之等累要なる客貨輸送の迅速且つ完全なるとならざるとは決戦々力に影響する所至大にして輸送力の増強は国家が極めて強く要請するところなれ共弊社の資本及設備を以てしては到底輸送の完璧を期し難きに就ては今般縣當局及名古屋鐵道局の御斡旋に依り縣下唯一の交通事業會社たる北陸鐵道株式會社に事業の一切を譲渡して事業本然の使命完璧に寄興せんとするものなり

＊○○は原文通り。おそらく「軍需」の文字が入るところを伏せたと思われる。

昭和二十年六月十三日

名古屋鐵道局長

運輸大臣殿

地方鐵道譲渡許可申請書進達ノ件

譲渡人　小松電氣鐵道株式會社
譲受人　北陸鐵道株式會社

右二社連名ヲ以テ表記ノ件ニ関シ別紙ノ通譲渡許可申請書提出有之候為

小松市ヲ中心トセル地帯ハ近時各種工場進出シ殊ニ小松電氣鐵道ノ終點ニハ軍施設ト軍関係工場ノ疎開アリ、同鐵道ヲ利用スル輸送ハ漸ク頻繁トナリ来リタルモ現下ノ小松電氣鐵道ノ施設ヲ以テシテハ到底右輸送必要ニ應ズル能ハサル現状ニ有之依テ石川縣下ノ地方鐵道軌道ノ統合母体タル北陸鐵道ニ統合ノ上施設ノ改良ヲ圖リ輸送力ノ増強ヲ圖ラントスルモノニシテ昨年六月以来石川縣ト協力シ本統合実現方強力ニ(略)来リタルモノニ有之、譲渡価格等概ネ妥當ト認メラレ候許可相成様御詮議相成度別紙副申及進達候

小松電鐵譲渡ニ関スル調書

一、統合ノ必要性並ニ経過

小松電氣鐵道ハ小松地帯ニ於ケル唯一ノ地方鐵道ナルモ、久シキニ亘ル會社ノ内紛ト資本力薄弱ノ為同地發展ニ依ル輸送需要ニ應ズル能ハズ夙ニ各方面ヨリ大會社ヘノ統合ヲ要望サレ居レリ、又北陸鐵道ニ於テハ鶴来線ノ加賀佐野驛ト小松電鐵ノ終點遊泉寺驛トヲ連絡スルトキハ(新施設距離約四粁)同縣下ニ於テ交通密度最モ高キ金澤、小松間ノ地方鐵道ニ依ル連絡成リ、同地帯ノ交通系統ハ著シク改善サルルノミナラズ小松市ノ急速ナル發展ニモ應ジ得ラルルヲ以テ小松電鐵ノ統合ニ最大ノ関心ヲ拂ヒ之ガ実現ノ為屢々交渉ヲ為シタルモ容易ニ進捗セザリシモノナリ

然ルニ近時戦局ノ緊迫化ニ伴ヒ舞鶴鎮守府ニテハ遊泉寺附近ノ國府村盲谷、鵜川等ニ軍ノ施設ヲ寫シ、又中島航空機工場ノ疎開地トシテ既ニ相当量ノ実物ノ到着ヲ見ツツアリ、之等貨物ノ輸送ハ漸ク頻発トナリ来ルモ現下ノ小松電鐵ノ施設ヲ以テシテハ之ニ應ジ得ザル状況ニ在リ、當局ニ於テハ昨年六月以来石川縣小松市ト協力シ本統合實現方斡旋シ来リ本年ニ入リ右ノ事情ニ依リ更ニ強力ニ慫慂ノ結果

實現ヲ見ルニ至リタルモノナリ
二、譲渡ニ依リタル理由
本統合ヲ進捗セシムルニ當リ、會社合併ノ方法ニ依ラズ鐵道事業ノミ譲渡ノ方法ニ依リタルハ本會社ハ白山電氣鐵道當時ヨリ會社ノ資産複雑ナル貸借関係アリ、一時會社ノ借入金ハ一二五件一、一七〇千圓ニ達シ、之ラ債務ニ對スル支拂請求訴訟ハ常ニ數件乃至數十件ニ及ビ居ル状態ナリ
依テ會社合併ノ方法ニ依ルトキハ斯ル面倒ナル債務関係一切ヲ引継スルコトトナルヲ以テ此ノ方法ニ依ラズ鐵道事業ノミ譲渡受スル方法ヲ採リタルモノナリ
三、譲渡價格
過去三ケ年間ノ收支實績ヲ見ルニ左ノ如ク

	十七年	十八年	十九年
運輸収入	六七、二五四圓	七一、一七七	九六、一五八
雑　収入	六六七	五、九〇六	八七二
計	六七、九二一	七七、〇八三	九七、〇三〇
営業費	五五、九九〇	五一、一八六	六三、七〇三
利　子	五一三	六三〇	一、三二〇
償　却	四、四一一	一六、八〇四	二一、三六三
計	六〇、九一四	六八、六二〇	八六、三八六
利　益	七、〇〇七	八、四六六	一〇、六四四

註1．十九年ハ未ダ總會ヲ開催セザルタメ未承認ノモノナリ
　2．償却ハ其ノ年ニ依リ随意額ヲ償却セルモノノ如シ
　3．利益金計上ナキ場合モ負債整理費ヲ利益トシテ計上セリ
利益金ノ七分還元額ニ依ルトキハ到底建設費(五十乃至五十五万圓)ニ達セズ、建設費ニ依リ譲渡價格ヲ決定スベキモノナルモ、近時小松電鐵ノ営業成績ハ終點附近ノ軍施設及軍関係工場ノ疎開ノ進捗ニ伴ヒ著シク好轉(最近一日平均収入約五〇〇圓)シ来リタル為今後一ケ年ノ收支ヲ予想シ左ノ方法ニ依リ算出セリ
即チ次ニ記載ノ如ク利益金ハ年額一〇一、四四八圓ヲ予想サルル為之ガ七分還元額ト建設費(五十万圓ノ現建設費ニ三二万五千圓ノ減資償却額ヲ加算)トノ折半額一一〇万圓トセリ
四、収支予想
遊泉寺附近ノ工場設置ト加賀佐野、遊泉寺間ノ連絡ヲ考慮シ収支ハ左ノ通リ予想セリ

旅客収入	二〇一、九八三圓
貨物収入	一五、四〇六圓
計	二一七、三八九圓
営業費	一一五、九四一圓
利　益	一〇一、四四八圓

尚小松電鐵買収ニ伴フ諸経費左ノ通ニシテ投資額ニ對スル利益率ハ五分五厘トナル
　一、一〇〇千圓　小松電鐵買収費
　一五〇千圓　小松電鐵施設緊急補修費
　五〇〇千圓　加賀佐野 - 遊泉寺間四粁建設費
　一〇〇千圓　小松驛連絡設備費
　一、八五〇千圓　計
五、其ノ他
1. 譲渡債權ノ内一〇〇万圓ハ現物出資ノ方法ニ依リテ北陸鐵道ヨリ現在三分配當ノ後配株式ヲ交付スルコトトセシハ譲渡價格ヲ将来ノ収支ニ依リ計算(本鐵道ノ将来性ニ着目)セシモ當分ハ斯ル價値ヲ發揮セサル為配株式ヲ交付スルコトトシ一部ヲ現金買収トセシハ現金入用ノ為ナリ
2. 小松電鐵ハ鐵道事業譲渡後モ負債等整理ノ為當分存続シ整理後解散セントスル意向ナリ
3. 臨時資金調整法ニ依ル増資関係書類副本竝ニ契約書内容ノ別紙目録ハ添付ナキニ付提出次第追送スルコトトス

(2) 加賀佐野～鵜川遊泉寺間免許

小松電気鉄道の北陸鉄道への営業譲渡、北陸鉄道加賀佐野～鵜川遊泉寺間鉄道敷設申請につながる興味深い文章が国立公文書館に残っている。
發輸秘五七三號
昭和二十年四月三十日
石川縣知事　平井　章
地方鐵道敷設ニ関スル件
過敷貴行政協議會御主催ノ下ニ管下小松市ニ於テ地方鐵道敷設ニ関スル現地打合會ヲ開催相成其ノ結果當初ノ計劃小松ー佐美間ノ工事ハ資材関係上困難ニ付軍専用ノ引込線ヲ利用シ最モ緊急ヲ要スル遊泉寺ー佐野間ノ敷設工事ノミヲ實施スルコトニ決定セラレタルガ、當廰ニ於テハ右會議ノ結果ニ基キ可成現地資材ヲ轉用シテ之ガ實現ヲ可能ナラシムルコトニ努メ第一軍需工廠第三製造工廠(以下中島飛行機會社ト称ス)及北陸鐵道株式會社トモ打合ヲ為シ左記ノ通リ最小限度ノ計劃ヲ樹立シタルニ付テハ中央関係方面ニ御連絡ノ上之ガ實現ニ特段ノ御配慮ヲ仰度
一、
(イ) 小松電氣鐵道株式會社終點遊泉寺驛ト北陸鐵道株式會社能美線加賀佐野驛トノ連絡工事ハ北陸鐵道株式會社ニ於テ施行スルモノトス
(ロ) 右工事ニ要スル資材ハ別表事業計劃諸要綱ノ通リナルガ之ガ必要資材ハ北陸鐵道株式會社経営ノ粟津線ノ内、粟津温泉ー栄谷間五.二粁ヲ轉用スルモノトシ不足資材ハ行政協議會ニ依頼シ中央ニ斡旋方依頼スルコト
(ハ) 轉用軌条ハ二二瓩線ニシテ重量貨車ノ運行不能ニ付キ三〇瓩線トノ交換ヲ必要トス
(ニ) 遊泉寺＝加賀佐野間ハ延長四粁ナルモ側線ノ関係上最小限度三〇瓩線四.五粁ヲ必要トシ其ノ他ノ部分ハ二二

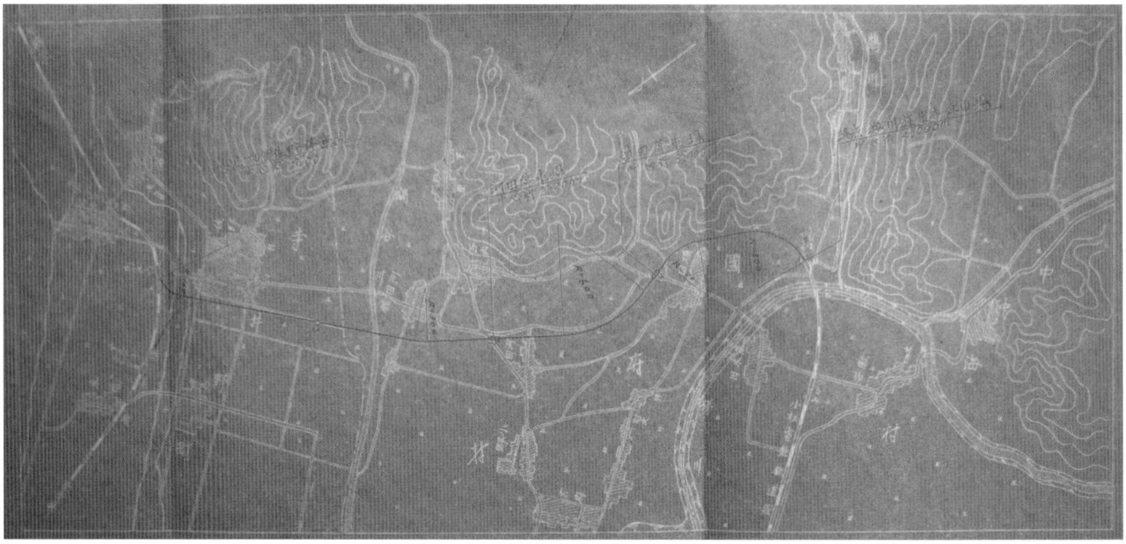

1945(昭和20)年になって免許申請された加賀佐野～鵜川遊泉寺間延伸区間の予測平面図。能美線併設駅の加賀佐野～鵜川遊泉寺間に河田、埴田の停車場が設けられる予定であった。
所蔵：国立公文書館

瓩線ヲ使用ス

(ホ)三〇瓩線四.五粁入手ノ方法ニ付キ中島飛行機會社ト協議ノ結果、内二.七粁ヲ中島飛行機會社所有ノ分ト交換スルコトニ協定成立セリ、残リ一.八粁ハ入手ノ方法ナキヲ以テ既ニ運輸省ニ於テ撤収決定セル管下ノ浅野川電氣鐵道株式會社遊園地海岸迄ノ一.八粁(三〇瓩線)トノ交換方斡旋サレタキコト

(ヘ)本工事實施ニ必要ナル労務ハ軍ノ援助ヲ受タキコト

二、小松驛ヨリ中島飛行機組立工場所在地タル佐美迄ノ工事ハ資材ノ関係上中止スルコトトナリ、之ニ代ルニ粟津驛ヨリ日末迄ノ軍専用引込線ヲ利用スルコトニ會議ノ席上決定セラレタルガ、日末ヨリ佐美迄ノ延長工事二粁ハ別途中島飛行機會社ニ於テ計劃ヲ樹テ實現ニ努ムルモノトス

三、小松電氣鐵道株式會社終點遊泉寺驛ヨリ中島飛行機會社地下工場迄ノ延長線一.三粁ハ中島飛行機ノ専用線トシテ別途計劃ヲ樹テ出願スルモノトス

四、北陸鐵道株式會社粟津線栄谷－宇和野間二.五五粁ハ瀧原地内ニ舞鶴関係ノ軍施設工事ノタメ、之ヲ轉用セザルコトニ決定セルガ、同區間ノ補強工事、線路ノ取扱ハ軍ニ於テ實施サレタキコト

五、小松驛及寺井驛ヨリ遊泉寺地區ヘノ月別輸送物資及工員數ハ別表ノ通ニシテ現在ノ小松電氣鐵道株式會社ノ輸送力ニテハ到底輸送不可能ナルコト

新規事業計劃要項

加賀佐野、鵜川遊泉寺間

延　　長　四粁　外ニ側線延長五百米

主要資材

車輛　百人乗電動客車参輛　付随客車参輛

軌条　二八四屯四七六(九、六五八米)

小松線で最初に他線から転属してきたボギー付随車12→サハ511(左)。
1962.5.28　加賀八幡
P：荻原二郎

三〇瓩軌条及二二瓩軌条

（以下略）

上記1945（昭和20）年４月30日付の地方鉄道敷設の件（新規事業計画要項並びに転用資材調書を含む）によると、粟津線粟津温泉～栄谷間5.2km（正確には粟津温泉～栄谷間は連絡線で営業距離4.8km）を接収し、22kg/mレール5,400mを中島飛行機株式会社所有の30kg/mレールと交換して加賀佐野～鵜川遊泉寺間に転用、3,600mを浅野川電気鉄道粟崎遊園地前～粟崎海岸前1.8kmに移送して同区間の30kg/mレールを加賀佐野～鵜川遊泉寺間に転用。こうして加賀佐野～鵜川遊泉寺間4.5km分（側線0.5kmを含む）の30kg/mレール9,000mを確保する計画であった。また、新規事業要項の車輌の欄には、「名古屋市電５輌、大阪市電２輌」の鉛筆によるメモ書きが添えられている。電動客車・付随客車各３輌とは合致しておらず、予備車を含んでいたのか、本当に市電を一部付随車化して導入する計画であったのか、今となっては確認のしようがない。

そして、北陸鉄道によって加賀佐野～鵜川遊泉寺間4.0kmの免許が申請されたのは、戦争が末期に近づいた1945（昭和20）年５月22日であった。当時、鵜川遊泉寺周辺は軍需工場が疎開されて来るなど国防上の拠点としての重要性が高まり、加賀佐野～鵜川遊泉寺間を開業させて金沢と小松を結ぶことは、北陸本線手取川橋梁が破壊された時の迂回経路の役割を兼ねたルートとしても注目された。この時点では小松電気鉄道は北陸鉄道に併合されておらず、免許申請の３日後の５月25日の臨時株主総会で、北陸鉄道への営業権譲渡を決議、５月30日に地方鉄道営業譲渡許可申請が提出され、７月20日に実施された。

地方鐵道延長敷設免許申請書

弊社鐵道能美線ハ地方鐵道法ニ依リ一般運轉営業能在候處今般同線加賀佐野停車場ヨリ分岐シ小松電氣鐵道株式會社線ノ終點停車場タル鵜川遊泉寺停車場ニ至ル間ニ地方鐵道法ニ依リ電氣鐵道ヲ布設シ旅客貨物ノ運輸営業仕度候間特別ノ御詮議ヲ以テ御免許被成下度地方鐵道法第十二條ニ依リ関係書類相添ヘ此段及申請候也

昭和二十年五月二十二日

石川縣金澤市上胡桃町五十二番地

北陸鐵道株式會社

取締役社長　林屋　亀次郎

運輸大臣　古日山　直登　殿

理由書

輓近小松市ニ於ケル各種工場ノ飛躍的進展ハ軍施設ノ拡充強化ニ伴ヒ軍需管理工場及協力工場ノ進出目覚シキモノアリ従テ客貨ノ輻輳又甚タシク加之疎開工場新設相次キ省線小松、寺井各驛ノ現況ハ飽和状態ニアルモノト認メラレ今後益々輸送陣営ノ困惑ノ度ヲ加フベク豫想セラルルヲ以テ交通量ノ最モ頻繁ヲ極メツツアル前述兩驛ノ緩和ヲ計リ以テ本區間ニ於ケル工員及軍需品ノ輸送ニ萬然ヲ期シ延テ戦力増強ノ一端ニ資セムトスルニアリ

営業収支概算書

軌間　1米067

動力　電氣

區間　加賀佐野、鵜川遊泉寺間　4,000

北陸鐵道株式會社

旅客人哩	6,527,660	粁	
一粁當	1,631,915		
一日一粁當	4,471		
貨物頓哩	28,040	瓲粁	
一粁當	7,010		
一日一粁當	19	21	
旅客收入	117,497	88	1人粁當リ平均1銭8厘トス
一粁當	29,374	47	
一日一粁當	80	48	
貨物收入	3,140	48	1瓲粁當リ平均11銭2厘トス
一粁當	785	12	
一日一粁當	2	15	
收入合計	120,638	36	
一日一粁當	82	63	
営業費	76,939	56	
一日一粁當	152	70	
純益	43,698	80	
建設費ニ對スル純益割合	0	0273	

昭和二十年六月十九日

石川縣知事　平井　章

運輸大臣　小日山　直登　殿

地方鐵道延長敷設免許申請書進達ノ件

管下北陸鐵道株式會社ヨリ表記ノ件別紙ノ通申請有之候成右ハ同社能美線加賀佐野停車場ヨリ分岐シ小松電氣鐵道株式會社線終點驛タル鵜川遊泉寺停車場ニ至ル間ニ延長線ヲ敷設セムトスルモノニテ適當ナル計劃ト被認候條免許相成様致度調査書相添ヘ此段及進達候也

一、申請者ノ資産及信用程度

（略）

二、事業ノ成否

本線ノ延長ハ僅カ四粁ナルト以前ヨリ計画アリタル為実施ニ付テハ萬全ノ調査ヲ了シ居リ最近軍需工場ニ依リ各方面ヨリ速カナル実現ヲ要望サレ居ル実情ニテ事業ノ成功ハ確実ト被認唯之ガ資材ニ関シテハ手持品ナク入手ニ付キ特ニ関係方面ノ配慮ヲ得ザレバ困難ト思料サル

三、事業ノ効用

本延長線ノ敷設ハ豫テ沿線部民ノ要望久シキモノナルガ最近遊泉寺附近及沿線ニ海軍施設建設サレツツアリ且ツ又中島航空半田工場ノ一部施設モ同方向ニ建設サレ目下第二次拡張サレツツアリ此ノ方面ニ対スル工員、資材及製品ノ輸送対策ハ緊急ヲ要スルモノアリ一方又本縣最大ノ重工業地帯タル小松方面ヘノ交通ニ付テハ現在能美線沿線ヨリ通勤スル工員、學徒ハ何レモ省線寺井驛ニ至リ小松驛ニ下車スルモノナルガ為寺井、小松ノ省線両驛ノ混雑ハ言語ニ絶スルモノアリ将来遊泉寺方面ノ重要施設拡張ニ伴ヒ益々沿線部民並ニ通勤工員ノ交互輻輳著シキモノアリト認メラレ斯ル場合従来ノ如キ小松及寺井両驛間省線ヲ迂回利用スル時ハ一層省線ノ混雑ヲ来スモノニシテ交通並ニ輸送上重大ナル支障ヲ生ズルモノト思料サル然ルニ本延長線ノ敷設実現ノ上ハ省線迂回ノ要ナク寺井、小松両驛ノ混雑ハ緩和サレ能美線ヨリ遊泉寺ヘハ直通ニテ運スルコトヲ得交通ノ利便ト輸送力ヲ増強シ遊泉寺方面及小松方面ノ重要施設及工場ノ利スル所大ナリト認ムモノナリ

四、他ノ鐵道、軌道、索道又ハ自動車等ノ競願アル時ハ其ノ名称、區間、申請者名及申請書ノ受付年月日

該当ナシ

戦雲急を告げる中、物も人も不足して、北陸鉄道の加賀佐野～鵜川遊泉寺間の鉄道敷設は直ちには免許とはならなかった。小松電気鉄道の買収が完了し、戦争が終結したのちの11月12日に戦地からの復帰者の需要の増加や終戦後の失業者救済事業の効用を盛り込んだ申請事由の変更追申書を提出した。

昭和二十年十一月十二日

石川縣金澤市上胡桃町五十二番地

北陸鐵道株式會社

取締役社長　林屋　亀次郎

運輸大臣　田中　武雄　殿

地方鐵道延長線敷設免許申請ニ伴フ追申書

昭和二十年五月二十二日附北鐵第一三五號ヲ以テ弊社所属能美線加賀佐野停車場ヨリ小松線鵜川遊泉寺停車場ニ至ル間ニ地方鐵道法ニ依ル電氣鐵道敷設申請ノ件終戦ニ伴ヒ同申請書添附書類中理由書ヲ別紙ノ通リ変更仕度候條甚乍勝手本追申書ト御差替願上度此段及申請候也

理由書

本出願區間ハ石川縣ノ二大都市タル金澤、小松ノ兩市ヲ當

北陸鉄道小松線になってからの地形図。国土地理院発行1/50000地形図「小松」「鶴来」(昭和37年測量・昭和43年発行)より縮小の上転載。

社既設電車線ヲ通シ近々四粁ヲ出デズシテ連絡セシメ延テ北陸本線ノ代行線タルノ使命果タスベキ重要線タラシムルト共ニ輓近小松市ヲ中心トスル復帰者其ノ他人口ノ激増ニ依ル旅客貨物ノ輻輳緩和ヲ計リ併而買収線タル小松線ヲ同一運輸系統トスルヲ妥当ト認メ以テ終戦後ノ失業救済事業ノ一端ヲモ加味シ茲ニ萬難ヲ排シ施工セントスルニアリ

これらの過程を経て加賀佐野～鵜川遊泉寺間4.0km（建設費160万円）は1945（昭和20）年11月29日に免許となった。

免許状

北陸鐵道株式會社

右申請ニ係ル石川縣能美郡寺井野町字佐野ヨリ同郡國府村字鵜川ニ至ル鐵道ヲ敷設シ旅客及貨物ノ運輸営業ヲ為スコトヲ免許ス

地方鐵道法第十三條ニ依ル認可申請ハ昭和二十一年十一月二十八日迄ニ之ヲ為スヘシ

二十年十一月二十九日　大臣

1926（大正15）年３月26日官報掲載案は次の通りであった。

官報掲載案

昭和二十年十一月二十九日

北陸鐵道株式會社ニ対シ鐵道敷設免許状ヲ下付セリ　其ノ起業目論見ノ概要左ノ如シ

動力	軌間	起終点	延長哩程	建設費
電氣	一米〇六七	石川縣能美郡寺井野町字佐野 同縣同郡國府村字鵜川	四粁〇〇〇	百六十万円

加賀佐野～鵜川遊泉寺間には途中に河田と埴田の２駅を設置する計画で、用地買収に取り掛かり、鵜川遊泉寺方から土木工事が始まったと思われる。鵜川遊泉寺から先の線路敷跡はこの頃に建設された公算が高い。

鉄道ピクトリアル2012年１月号掲載の山本宏之氏「北陸鉄道小松線の未成線」によると、1946（昭和21）年10月20日付で起終点を入れ替えたうえで終点を湯谷石子へ変更し、改めて施工認可申請が出されたが、その後の工事は行われることなく1950（昭和25）年９月25日付で取下願が出されたという。

北陸鉄道寺井野村佐野、国分村字鵜川間4.0km（電気動力・軌間1,067mm・建設費概算400万円：1945年11月29日免許）は、期限内に工事施工認可申請をしないために、1951（昭和26）年６月７日許可で免許を失効した。

これからすると、鵜川遊泉寺から埴田に向かって道床跡が残っているのは、工事施工認可申請前に着工したことになる。終戦直後の混乱期にはそんなことがあったのかもしれない。

（3）利用客が急増

戦後の混乱期は、燃料の欠乏から自動車交通が麻痺していたこともあって1947（昭和22）年度は172万人を輸送した。一日平均4,712人、一日22往復とすると、一列車平均107人となる。当時の在籍車輌はデ１～３、ワ１・２、ト１～３の計８輌と白山電気鉄道開業時から変わっておらず、デ１型の定員が40人であったことからすると、３輌連結であったのか、２輌連結と、もう１輌がトを牽引して、そこにも人を乗せていたのかもしれない。もっともこの時期は北陸鉄道各線というより全国の津々浦々で同じような状況（車輌不足に乗客増が重なる）であったと思われる。

小松線で最初に他線からの転属車が入ったのは、1948（昭和23）年に金石線からやってきた12号であった。これで小松線の旅客用車輌はデ１～３と12で、1949（昭和24）年10月１日の大改番でモハ501～503とサハ511となった。

次いで1950（昭和25）年に石川線からやって来たのが余市臨港軌道のガソリンカーを出自とするサハ301と302で、34人定員の小型車であったが、ラッシュ時に連結された。電動車として最初に他線から転じたのは1955（昭和30）年11月15日の松金線廃止で1956年に小松線に転じた全長11m級の半鋼製ボギー車モハ1000形（1001・1002）であった。

小松線の車輌は、開業時は別にして北陸鉄道となってからは、他線で新造車が入ると、代替で引退して入線した車輌がすべてで、引退または廃線で他線に移り、その玉突きでやってくる車もあった。もと能美電気鉄道のモハ1201、もと加南線のモハ1814・1802が揃った時点で生え抜きのモハ500形は形式消滅した。

沿線に高校が新設されたこともあって1967（昭和42）年度は212.6万人を輸送した。朝夕ラッシュ時は加賀八幡交換で３輌編成２本が出動し、実に多くの旅客を輸送した。1971（昭和46）年９月１日に金石線が廃止になるとモハ3000形（3001～3005）全車が小松線に集結し、これで在来電車は全廃となった。結果的にこれが最後の車輌入替であった。

1967（昭和42）年度をピークに旅客は減少に転じ、1975（昭和50）年度は117万人、さらにその後10年で半減したが、朝夕の通学生は多く、最晩年まで通学時間帯は２輌編成が運行されていた。

5. 出会いから今日まで

(1) 最初の訪問

1975（昭和50）年頃に大阪、京都から湖西線経由の優等列車に乗車すると、福井県最初の停車駅は敦賀で、次いで武生、福井、芦原温泉、加賀温泉、小松、金沢、高岡、富山へと続くことが多かった。富山までの北陸本線から分岐する国鉄線は、小浜線、越美北線、七尾線（起点は津幡）、城端線・氷見線、高山本線・富山港線と比較的少なく、それに反して、私鉄線は、ほとんどの優等列車停車駅から分岐していた。武生から福井鉄道福武線と南越線、福井から京福電気鉄道越前本線、小松から尾小屋鉄道と北陸鉄道小松線、優等列車停車駅ではないが寺井（現在の能美根上）から北陸鉄道能美線、同じく西金沢から北陸鉄道石川線、金沢から北陸鉄道浅野川線、高岡から加越能鉄道（現在の万葉線）、富山から富山地方鉄道本線と富山市内線。これらの私鉄の中で最初に訪問したのが、1975（昭和50）年４月３日の尾小屋鉄道で、その日の午後に北陸鉄道小松線にも立ち寄っている。

北陸鉄道小松線は、国鉄小松駅の裏手の小松製作所小松工場の脇から北陸本線と直角方向に進み、5.9km先の鵜川遊泉寺に至る600V電化路線で、北陸鉄道の路線の中でも極めて地味な存在であった。市街地を進んだのちに田園地帯を一直線で進み、行き違い可能駅の加賀八幡に着く。その先も田園地帯を進んで、築堤を登って梯川を渡ると終着駅の鵜川遊泉寺に至った。

1976（昭和51）年春頃から、生活路線としては最後の非電化軽便鉄道であった尾小屋鉄道の廃止が囁かれるようになり、同鉄道には足繁く通った。新小松駅２階の尾小屋鉄道本社で過去のダイヤグラムや車輌竣工図を見せてもらっている中、おそらく開業前のものと思われる「尾小屋小松間線路實測平面圖」に出会った。そこには、尾小屋鉄道の計画線が実線で描かれ、北陸本線ともう１本が国鉄マークで描かれていた。もう１本は小松停車場から垂直方向に延びていて「遊泉寺鑛山鐵道」と記されていた。その時は、「今の北陸鉄道小松線は、鉱山鉄道が前身だったのか」、程度の印象しか持たなかった。

1977（昭和52）年３月19日限りで尾小屋鉄道は廃止に至り、廃止後、幾度かは廃線跡を訪ねたが、北陸鉄道小松線に関しては国鉄小松駅ホームから北陸鉄道小松駅を眺める程度でしかなかった。次の訪問は、大学入学後の1980（昭和55）年５月４日であった。５月２日東京23時28分発の通称「大垣夜行」で大垣・米原乗り換え武生着。福井鉄道南越線と福武線を撮影して福井市内泊。４日は朝から京福電気鉄道越前線を撮影した後、福井12時43分発の3337M列車で小松13時30分着。小松では地下道を潜って北陸鉄道の小松駅に向かう。北陸鉄道小松駅は、ラッシュ時間帯の小松製作所専用改札を除いては外部と往来できる改札はなく、国鉄の改札口を回らなければならなかった。小松から乗車の場合は国鉄の駅にある券売機で乗車券を購入し、国鉄から乗り換える場合は北鉄の駅で国鉄の乗車券を見せて乗車券を購入した。北鉄小松線から乗車して小松下車または小松から国鉄乗り換えの場合は、北鉄の駅で乗車券を見せて国鉄ホームへと向かった。

北鉄小松駅は発着線と留置線が各１本、別に検車庫

小松行電車が到着すると大勢の利用客が国鉄連絡口へ向かって降りて行った。　1980.5.4　小松　P：寺田裕一

最終日は２輌編成２本が多くの乗客を捌いた。正面には惜別のヘッドマークが掲出された。　1986.5.31　小松　P：寺田裕一

線と検車庫から折り返して本線に合流する留置線があった。平日朝夕は概ね25分・昼間概ね60分ヘッドで24往復、日祝日は夕方のみ概ね25分間隔となり、その他概ね60分ヘッドで20往復であった。北陸鉄道の改札を潜って構内に入ると、留置線駅舎方にモハ3002、留置線本線ポイント方にモハ3005、木造の検車庫線にモハ3004、そのホーム方にモハ3003が留置中。構内の撮影を繰り返していると、ほどなく小松14時32分着126列車モハ3001が到着する。これで小松線所属の3000形全５輌が勢揃いしたことになる。3000形は1948(昭和23)年日本鉄道自動車製で、石川総線、金石線を経て小松線に集結した。

3001は折り返し14時45分発127列車として小松を離れ、その後から構内に駅員さんが現れ、車輌の入換が始まる。留置線のモハ3005、続いてモハ3002が本線に転線、縦列停車する。検車庫線の3004と3003は移動して連結。２輌連結となったのち留置線に転線。本線の鵜川遊泉寺方のモハ3002は15時05分発129列車として小松のホームを離れた。129列車が加賀八幡で交換して来た132列車は15時22分着。ここまで見届けて小松15時31分発334M列車で能美線を目指して小松を離れた。

２日後の５月６日に鶴来の鉄道部を訪ねてお話を伺うと、小松線の認可最高速度は40km/h、最急勾配8.93‰、最少曲線半径201mとのことであった。

幾度となく廃止が囁かれたが、沿線道路が未整備であったこと、代替バスが自社ではなく小松バス(元尾小屋鉄道)であったことなどがネックとなっていた。北陸鉄道が小松市長に廃止を申し入れたのは1984(昭和59)年９月で、１年半後の1986(昭和61)年４月に小松線廃止と代替バス運行に合意した。

(2) 営業最終日の訪問

営業最終日の1986(昭和61)年５月31日土曜日、京都７時38分発の「雷鳥１号」に乗車し、小松着は９時52分。雨こそ降っていないものの、厚く雲が垂れ込めている。国鉄小松駅の駅舎・ホームとは地下道で結ばれている小松線の駅舎は紅白の幕で飾られ、大勢の人で賑わっていたが、当時の土曜日は会社や学校の多くが午前中営業・授業でファンの姿は少なく、地元の人たちばかりであった。ホームに入ると電飾で飾られた3001＋3003が停車している。前面には自身が所属している日本レイルファンクラブ西日本サークルが製作したヘッドマークが掲げられている。

沿線に沿って撮影をしながら鵜川遊泉寺に向かう。小松製作所の工場の間を抜けると国道８号(現在の国道305号)を横切り沖、小松工業高校がある打越、若

小松線小松駅舎で開催された「北陸鉄道小松線さよなら会」。
1986.5.31　小松　P：寺田裕一

杉と田んぼの中に土を盛っただけの無人停留場が続く。加賀八幡は朝夕に列車交換がある閉塞取扱駅で、終日駅員が配置されている。小松商業高校の最寄駅である佐々木を過ぎると、左手に1.5車線程度の、右手には真新しい２車線の道路に挟まれて進む。草の繁った線路は枕木も朽ちかけていて、両側の道路とは対照的に見える。軽海から築堤を登って梯川を渡った先が終点の鵜川遊泉寺。普段は駅員無配置だが、この日は乗降客整理の駅員が詰めている。構内にはスイッチバックするようにポイントが設けられていたが、これは機回し側線の小松方ポイントが撤去されたもの。線路止めから先にカーブして伸びる築堤は、戦時中に能美線加賀佐野に向って工事が始まっていた跡。線路止めから先に直線状にも道床跡のようなものがあり、駅員に尋ねると、かつての鉱山軌道跡とのことであった。

営業最終日は午後から無料開放となり、帰宅の高校生たちも加わって２輛連結の電車は超満員、天気も回復して青空が広がった。

最終列車は21時15分に小松を発車。２輛連結の車内は別れを惜しむ地元の人たちで超満員。各駅でも見送りの人たちでホームは溢れ、かなり遅れて鵜川遊泉寺に到着。すぐに折り返し、最後の道を踏みしめるかのように、ゆっくりと進んだ。小松着は予定から30分近く遅延して22時15分。最後の乗務を終えた運転士さんに話をお聞きすると、「大聖寺と山中温泉を結

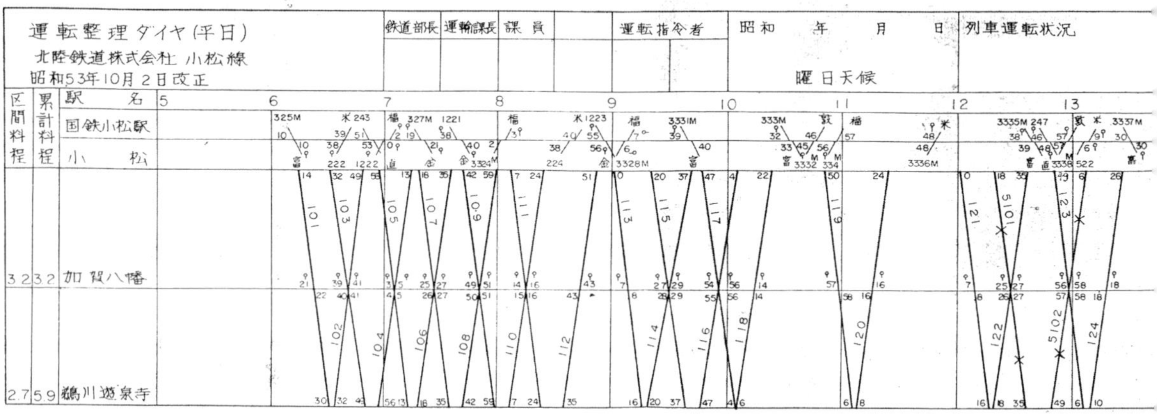

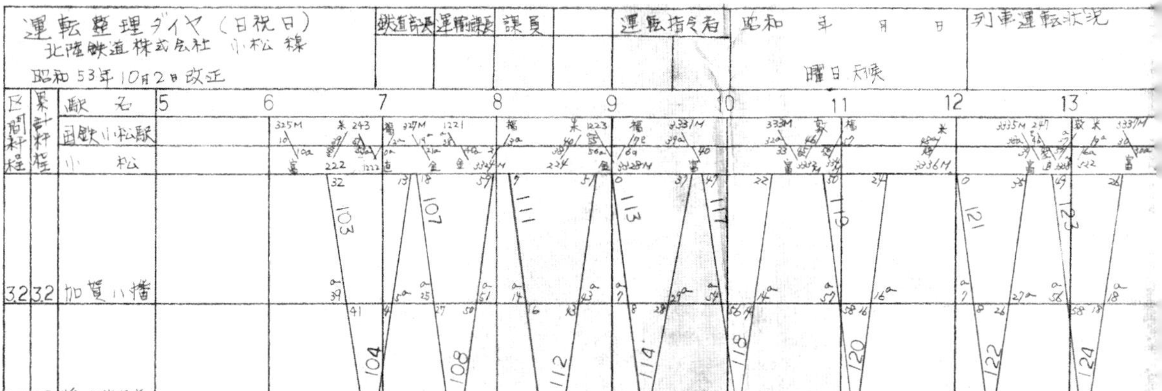

ぶ加南線に乗務していましたが、その廃止後はずっと小松線で働いて来ました。今日で私の鉄道人生も終わりです。明日からは金沢の本社で別の仕事が始まります」とのお言葉が返ってきた。その後は、北鉄小松線の駅舎で「北陸鉄道小松線さよなら会」が開催され、会が終了してしばらくすると、日付が変わった。

(3) 現在の小松線廃線跡

北陸鉄道小松駅跡は、廃止後すぐに取り壊されて駐車場になり、2002(平成14) 年11月にJR小松駅が高架化されると東口駅前広場に姿を変えた。コマツの小松工場は2010(平成22) 年３月末限りで閉鎖されたことで小松の地からコマツの工場がなくなり、研修施設に姿を変えている。その先は幹線道路に埋もれ、軽海停留場跡付近までは電車が走っていた面影は全く残っていない。軽海駅跡付近から先は、築堤が耕地の中を梯川堤防まで伸び、途中にはガーダー橋も姿を留めている。このような状態が相当長い間続いていて、直近の2016(平成28) 年４月９日に訪れた時も、時が止まっているかのごとく、姿を変えていなかった。

旧軽海—鵜川遊泉寺間に残るガーダー橋の跡。梯川の左岸付近から軽海方を望む。 2017.4.9 P：寺田裕一

梯川橋梁は痕跡がなく、桜の木が植わっている鵜川遊泉寺駅跡にはバス停票が建っている。時刻表を見ると小松バスの小松～鵜川遊泉寺～ハニベ線は平日6.5往復・日祝日4.5往復でしかない。

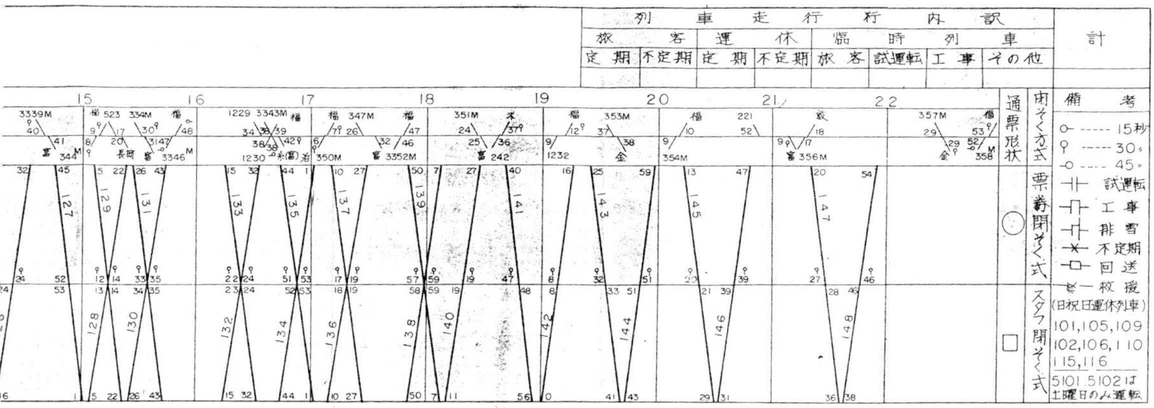

北陸鉄道小松線平日ダイヤ(1978年10月2日改正) 提供：寺田裕一

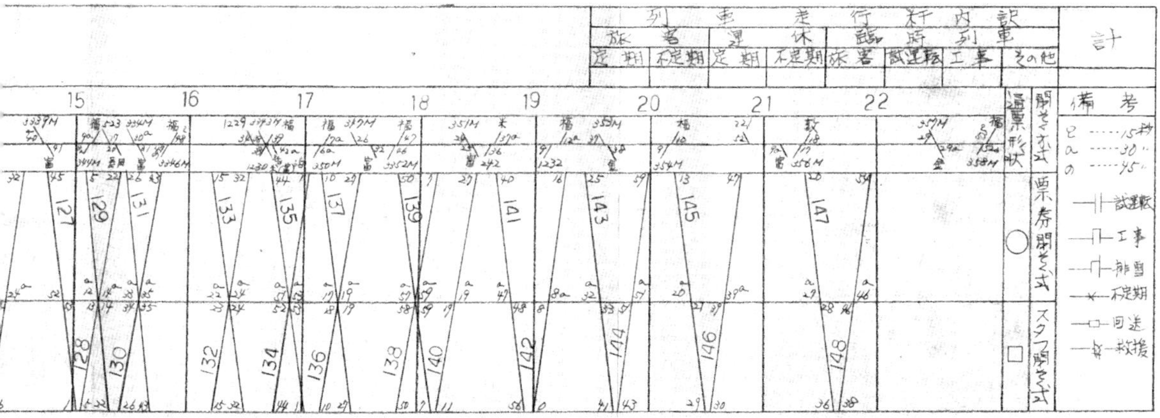

北陸鉄道小松線日祝日ダイヤ(1978年10月2日改正) 提供：寺田裕一

小松線小松駅。構内に検車庫や留置線が設けられ、絶えず車輌の留置が見られた。 1977.3.12 P：高井薫平

6. 施設・駅

■線路

1986(昭和61)年5月31日の営業最終日時点で、本線延長6,003m(50kg/mレール=56m・37kg/mレール=145m・30kg/mレール=5,802m)、側線延長432m(すべて37kg/mレール)であった。

■停車場・停留場

●小松(こまつ／0km／1,700人)

1929(昭和4)年5月15日の開業時に開設された停車場。国鉄小松駅と通路で結ばれ、北陸本線と直角に線路が敷設されていた。開業時から国鉄北陸本線とは貨物の連帯運輸はなされていなかった。1933(昭和8)年6月8日申請の小松停車場設計変更認可申請で曲線での国鉄接続がなされたが、貨車の連帯運輸が認可に成らなかったこともあって、1938(昭和13)年9月21日小松停車場構内設計変更認可申請で接続曲線は撤去された。以降は国鉄線と線路はつながっていなかったが、北陸鉄道他社線から車輌が転入するときは南側に仮線を設けて線路を繋げていたという。

国鉄ホームに平行して木造駅舎があり、北隣は小松製作所が位置していた。北陸鉄道小松駅は、ラッシュ時間帯の小松製作所専用改札を除いては外部と往来できる改札はなく、国鉄の改札口を回らなければならなかった。小松から乗車の場合は国鉄の駅にある券売機で乗車券を購入し、国鉄から乗り換える場合は北鉄の駅で国鉄の乗車券を見せて乗車券を購入した。北鉄小松線から乗車して小松下車または小松から国鉄乗り換えの場合は、北鉄の駅で乗車券を見せて国鉄ホームへと向かった。

北鉄小松駅は発着線と留置線が各1本、別に検車庫線と検車庫から折り返して本線に合流する留置線があった。

●沖(おき／1.0km／200人)

北陸鉄道小松線となってから開設された唯一の駅で、戦後の1960(昭和35)年4月1日に開設された。棒線にホーム、ホーム上に小さな待合室がある無人停留場であった。

●打越(うちこし／2.1km／500人)

1929(昭和4)年5月15日の開業時に開設された停留場。1923(大正12)年11月10日の白山鉄道線路敷設免許申請時には記載がなかったが、1926(大正15)年12月15日の小松～原間工事施工認可申請時には停留場として計画された。ホームに待合室がある無人停留場であった。小松工業高校への最寄駅で、ホームの待合室は他の停留場より一回り大きかった。

●若杉(わかすぎ／2.5km／100人)

1936(昭和11)年12月14日に開設された無人停留場。1923(大正12)年11月10日の白山鉄道線路敷設免許申請時に予定駅として記載され、1926(大正15)年12月15日の小松～原間工事施工認可申請時には停留場として計画されていたが、1938(昭和3)年6月12日の線路工事方法変更申請で廃止された。その理由に関する記述は次の通り。

若杉停留場ハ其位置村落ヨリ比較的遠ク旅客ハ隣接八幡停車場ヲ利用スルモノニシテ不便ナリ　関係地元モ其廃止ニ就テ了解セルヲ以テ将来営業列車運転ノ便利ニ考慮シ之ヲ廃止セントス

ホームに小さな待合室がある無人停留場で、加賀八幡とは0.7kmしか離れておらず、乗降客数は少なかった。

加賀八幡駅。小松線で唯一交換設備が設けられ、朝と夕刻を中心に列車交換が見られた。 1984.11.9 P：毒島淳一

軽海駅。鵜川遊泉寺駅のひとつ手前の駅で、右手に貨物側線があった　1984.11.9　P：毒島淳一

鵜川遊泉寺駅。数々の延伸計画はあったが、終始小松線の終着駅であった。　1984.11.9　P：毒島淳一

●加賀八幡（かがやわた／ 3.2km ／ 200人）

1929（昭和４）年５月15日の開業時に開設された停車場。1923（大正12）年11月10日の白山鉄道線路敷設免許申請時には記載がなかったが、1926（大正15）年12月15日の小松～原間工事施工認可申請時には八幡停車場として計画された。1929（昭和４）年４月1日届出で八幡停車場を加賀八幡停車場に名称変更した。開業時は一個列車が行ったり来たりで無閉塞で、信号機もなかったが、乗客増により運転本数が増えた時点で行違い可能の閉塞取り扱い駅となり、信号機が設置された。木造駅舎を有し、閉塞取り扱いの関係から終日駅員配置であったが、晩年は運転取り扱いのみで、乗車券の販売は行っていなかった。

●佐々木（ささき／ 3. 9km ／ 900人）

1929（昭和４）年５月15日の開業時に開設された停留場。1923（大正12）年11月10日の白山鉄道線路敷設免許申請時には記載がなかったが、1926（大正15）年12月15日の小松～原間工事施工認可申請時には停留場として計画された。小松市立女子高校（現在の小松市立高校）と小松商業高校への最寄駅で、乗降客数は小松に次いで多かった。

●軽海（かるみ／ 5.3km ／ 250人）

1923（大正12）年11月10日の白山鉄道線路敷設免許申請時に予定駅として記載され、1929（昭和４）年５月15日の開業時に開設された停車場。小松方から分岐する貨物側線が1本あり、木造駅舎を有した。当初は駅員配置であったが、早い段階で無人化された。

●鵜川遊泉寺（うがわゆうせんじ／ 5.9km ／ 250人）

1929（昭和４）年５月15日の開業時に開設された停車場。開業時は遊泉寺と称し、開業後早い時期に鵜川遊泉寺に改められた。欠損補助に関し、1931（昭和６）年２月14日の申請時の終点名が遊泉寺で、却下時の同年８月８日の終点名が鵜川遊泉寺であることから、この間に改称されたと思われる。もっとも申請時の起点名が小松ではなく東小松と記されているなど、申請書類に疑問点もあって、断定はできない。開業時から変電所が構内にあり、ホームの小松方に向かって右手に側線が分岐する形状が珍しかった。

※乗降客数は私鉄全線全駅（1979年主婦と生活社）の一日平均数値を引用。

鵜川遊泉寺駅ホーム。線路は左側にカーブしながら終わっている。　1985.5.26　P：飯野浩三

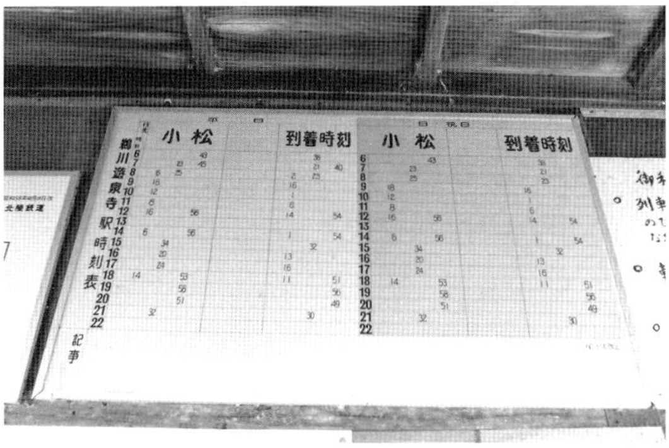

鵜川遊泉寺駅の時刻表（1985年3月14日改正）。平日は日祝日に対し、朝7・8時台に1本ずつ多い。　1985.5.26　P：飯野浩三

モハ500形501号。白山電気鉄道開業時に用意された、デ形１号が前身の木造単車。
1962.5.28　小松　P：荻原二郎

7.　車輌

○電動客車

■デ形（１～３）

開業に合わせて1928（昭和３）年10月20日車輌購入認可申請・12月17日認可・1929（昭和４）年４月26日竣工届で登場した。全長８m、定員40人の木造４輪単車。ポールは1本で、終点ではポール回しが必要であった。連結器を備え、貨物があるときは貨車を牽引した。1945（昭和20）年７月に北陸鉄道小松線となってもデ１～３のままであったが、1949（昭和24）年10月１日の一斉大改番でモハ501～503となった。1956（昭和31）年に503が加南線に転じてEB221となり、501は1963（昭和38）年、502は1965（昭和40）年に廃車となって形式消滅した。

■サハ510形（511）

1898（明治31）年２月５日開業で軌間762mmの金石馬車鉄道を前身とする金石電気鉄道は1914（大正３）年８月11日に1,067mm軌間・600V動力で開業した。京都電気鉄道の木造単車を譲り受けた１形１～３でスタートし、1938（昭和13）年に12形12～14が登場した。12形は1920（大正９）年日本車輌製の木造ボギー客車を鉄道省から譲り受けたものであった。北陸鉄道金石線となってからも同番で活躍を続け、そのうちの12が1948（昭和23）年に小松線に転じ、1949（昭和24）年10月１日の大改番でサハ511となった。小松線に最初に転じた付随車で、廃車は1965（昭和40）年であった。

■サハ300形（301・302）

1933（昭和８）年５月10日開業・1940（昭和15）年７月25日廃止の余市臨港軌道のガソリンカーキハ101・102が出自。1933年４月小島栄次郎工業所製と竣工図に記されていたが、実際には小島からの下請け、松井車輌製作所製であった。前部に荷台を持つ２軸半鋼製車で、定員は34（座席20・立席14）名であった。廃止後、エンジンを外し、運転室を撤去して客用扉を増設して1943（昭和18）年に北陸鉄道石川線に入線し、ハフ

モハ500形502号。501号と同様にデ形2号を前身とする小松線生え抜き車輌。
1962.8.1　小松　P：風間克美

サハ510形511号。北陸鉄道金石線から転属した木造ボギー車で、鉄道省の木造ボギー客車が前身。
1958.10　小松　P：高井薫平

サハ300形301号。ガソリンカー改造の鋼製単車付随車で、片側に荷台を持つ。
1959.8.30　小松　P：田尻弘行

30・31を名乗った。1949(昭和24)年の大改番でサハ301・302となり、1950(昭和25)年に小松線に転じた。荻原二郎氏1962(昭和37)年5月28日撮影の写真では301はラッシュ時に走行していて302は荒れた姿で鵜川遊泉寺の本線先端部に押し込まれていて既に休車であったと思われる。廃車は1963(昭和38)年であった。

■モハ550形(551)

1899(明治33)年10月8日に軌間914mmで開業した山中馬車鉄道は、1913(大正2)年3月18日に1,067mm改軌と電化を行い、それに合わせて登場した名古屋電車製作所製の山中電気軌道2が出自。同年11月16日に温泉電軌となった時点で電動客車を表す記号を付けてS2に。1929(昭和4)年7月10日認可で加藤車輛製の木造車体に乗せ替えられた。1930年6月11日の記号変更でデハ2に。1949(昭和24)年の大改番で北陸鉄道モハ551となったのち、1951(昭和26)年に小松線に転じた。モハ500形より一回り大型の四輪単車で、ポールは前後に2本付けていた。1956(昭和31)年に石川線に転じ事業用車モヤ511となり、さらにEB111の称号で新西金沢の入換に従事し、1965(昭和40)年1月8日に廃車となった。

■サハ700形(701)

1927(昭和2)年に金石電気鉄道11形11が日本車輌で新造された。深い丸屋根と正面窓下の前照灯が特徴の全長9m級の半鋼製単車で、1949(昭和24)年の大改番でモハ611となり、1960年7月に電装が解除されてサハ701となった。1963(昭和38)年に小松線に転じたが、小松線での活躍期間は短く、廃車は1965(昭和40)年であった。

■モハ1000形(1001・1002)

野町と松任を結んだ松金線は1905(明治38)年11月22日開業の軌間914mmの松金馬車鉄道が前身で、1916(大正5)年3月13日に1,067mm改軌と電化を行

サハ300形301号がツートンカラーになった後の姿。
1963.9　小松　P：羽片日出夫

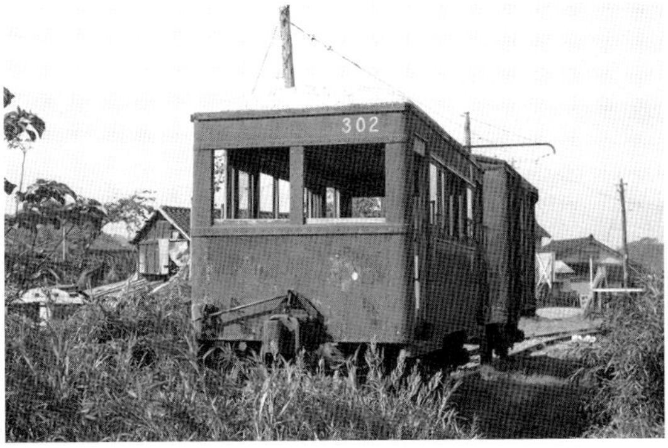

サハ300形302号。休車となって鵜川遊泉寺に留置中の姿。
1962.5.28　鵜川遊泉寺　P：荻原二郎

サハ570形571号。元温泉電軌の木造ボギー電動客車が電装解除されたもの。
1958.10　小松　P：高井薫平

い、金沢電気軌道等を経て北陸鉄道の路線となった。戦時中の1944(昭和19)年4月18日に金沢市内線の延伸に線路を供出するべく野町駅前～野々市間が廃止され、営業区間は野々市～松任駅間となった。その松金線用に1949(昭和24)年に日本鉄道自動車で新造されたのがモハ1000形(1001・1002)であった。全長11m級の半鋼製ボギー車で、Zパンタ集電であった。1955(昭和30)年11月15日の松金線廃止で1956年に小松線に転じ、主力車となった。1968(昭和43)年に金沢市内線モハ2100形の小型パンタグラフを転用し、1201は前面窓の両側をHゴム化された。

1971(昭和46)年にモハ3000形と入れ替わりに廃車となった。

■サハ570形(571)

1922(大正11)年11月29日設計認可で登場した枝光鐵工所製の全長13m級のボギー電動客車である温泉電軌B15が出自。1930年6月11日の記号変更で温泉電軌デロハ15(後にデハ15)に。1949(昭和24)年の大改番で北陸鉄道モハ841となったのち、1957(昭和32)年に小松線に転じた。この際に電装解除されてサハとなり、廃車は1965(昭和40)年11月2日であった。

■モハ1200形(1201)

能美電気鉄道がホ形301として1938(昭和13)年8月27日購入届で登場させた。木南製の半鋼製ボギー車で全長は11m級・定員70人。北陸鉄道となってデボ301となり、1949年10月1日の北鉄大改番でモハ1201となったのち1955(昭和30)年頃に金石線に移り、1964(昭和39)年に小松線に転じた。1971年の廃車までZパンタのままであった。

■モハ1810形(1814)

温泉電軌山代車庫は1941(昭和16)年11月28日に火災に遭い、車輌の大半を焼失した。焼失した車輌の機器を流用して車体を新造したのが1942(昭和17)年4月2日認可のデハ21～29で、戦時下で車輌の新造が制限されていたことから設計変更の扱いであった。流用車の旧番は、21から順に16・17・19・18・21・9・10・11・12であった。1949(昭和24)年10月1日の大

モハ1000形1001号。日本鉄道自動車の半鋼製ボギー電動客車で、近江鉄道クハ21形に類似の小型車体を持つ。
1959.8.30　小松　P：田尻弘行

モハ1000形1002号。晩年は正面窓の2枚がHゴム支持化されていた。
1971.3.21　小松　P：藤本哲男

モハ1200形1201号。能美電気鉄道が新製した半鋼製ボギー電動客車で、金石線を経て小松線入りした。
1967.3.21　小松　P：藤本哲男

モハ1810形1814号。温泉電軌の焼失車輌の部品流用で半鋼製電動客車として再生したもの。　1971.3.21　小松　P：藤本哲男

改番で北陸鉄道モハ1811～1813・1801～1806となったのち、2年後の1951(昭和26)年10月10日に1801～1803・1811～1816に改番されたことに書類上はなっているが、実際には4個モーターの21・22・24・27が1811～1814となり、その他5輌が1801～1805となった。そのうちモハ1814はデハ27時代の1945(昭和20)年9月に検査入場していた松任工機部で火災に遭い1948(昭和23)年4月に復帰した。加南線から1963(昭和38)年12月に金石線に転じたのち1964年8月に小松線入り。小松線では7年近く活躍し、1971(昭和46)年10月11日に廃車となった。

■モハ1800形(1802)

モハ1810形と同じ経歴で、1942(昭和17)年4月2日認可のデハ28が1949(昭和24)年10月1日の大改番で北陸鉄道モハ1805となったのち、2年後の1951(昭和26)年10月10日に1815に改番されたことに書類上はなっているが、実際には2個モーターの28は1804となった。その1804は片山津線に転じた時点で1802に改番され、Y字ビューゲル化、NF28Bへの台車交換を行ったが、モーターは2個のままであった。ともに片山津線に転じた1801が4個モーターとなってからは付随車代用となり、ラッシュ時の増結車となった。1965(昭和40)年9月24日に片山津線が廃止されると小松線に転じた。小松線入線時にZパンタに交換、さらに1968年に小型パンタグラフに交換され、1971(昭和46)年10月14日に廃車となった。

■サハ1600形(1601)

1925(大正14)年5月10日に開業した浅野川電気鉄道のデホハ2として1927(昭和2)年6月に誕生した。日本車輌製の全長14m級の半鋼製ボギー車で、戸袋窓が楕円形で、当初はポール集電であった。北陸鉄道となったのち1949年10月1日の大改番でモハ1601となったのち1956(昭和31)年に金石線に移り、1964(昭和39)年に付随車化されて小松線に転じた。小松線の車輌数は1965(昭和40)年9月末が10輌、翌年3月末が7輌と記録されていて、その間に廃車になったと思われる。

小松線転属前の片山津線でモハ1801号とともに活躍するモハ1802号(左)。　1965.4　P：田尻弘行

サハ1600形1601号。半鋼製ボギー電動客車を電装解除したもので、戸袋の楕円窓が特徴。　1971.3.21　小松　P：藤本哲男

モハ3000形3001号。3000形の導入で単一形式となった小松線だが、1輌ごとに異なる外観を持っていた。
1979.4.28　小松　P：元木史昭

モハ3000形3002号。3000形は半鋼製ボギー電動客車で、石川線から金石線経由で小松線に入線した。
1980.5.4　小松　P：寺田裕一

モハ3000形3003号。側窓枠が金属化されている。
1980.5.4　小松　P：寺田裕一

■モハ3000形(3001～3005)

1949(昭和24)年日本鉄道自動車製で、石川線モハ1100形1101～1105として活躍を開始し、同年10月1日の一斉改番でモハ3000形となった。全長14m級の半鋼製ボギー車で、トロリーポール集電であった。集電装置は1958年にZパンタ、1961年に菱形パンタグラフに交換された。3005は1963年にモハ5101と正面衝突事故によって前面が大破、阪野工業所の出張工作でノーシル・ノーヘッダー、張り上げ屋根、両妻面貫通式に改造され、他車と外観が大きく異なる。その後もオリジナルスタイルの3001～3004も、前面窓のHゴム化(3001～3003)、側窓枠金属化(3003)、側窓枠アルミサッシ化(3004)、客扉の鋼製化がなされたが、3004のみ客扉の窓が小さいなど、細かく見ると1輌ずつ異なったスタイルとなった。約15年間石川線及び石川総線で活躍したが、名鉄より入線した3700形に追われて1964(昭和39)年に全車が金石線に異動、金石線では排障器を取り付けた。1971(昭和46)年9月1日に金石線が廃止になると全車が小松線に集結。小松線では3001の前面下部に除雪用スノープラウの取付金具を装備した。ラッシュ時は2輌連結、閑散時は単行で営業最終日まで活躍した。

○有蓋貨車

■ワ形(1・2)

開業に合わせて1928(昭和3)年10月20日車輌購入認可申請・12月17日認可・1929年4月26日竣工届で登場した。自重7.54t、積載重量10tであった。貨物はさほど多くなかったことから、戦後の1950(昭和25)年に1輌が廃車となり、残る1輌も1965(昭和40)年に廃車となった。荻原二郎氏1962(昭和37)年5月28日撮影の写真では302とともに鵜川遊泉寺の本線先端部に押し込まれていたことがわかる。

■車輌諸元表(小松線のみ)

車種	記号	番号	構造	自重	定員		最大寸法			ボギー中心	台車			制御		主電動機	
					全	座	長	幅	高		形式	輪径	固定	方式	形式	形式	出力
		3001													MMC-1-50-C	MT-60	
		3002													MMC-1-50-B		
MC	3000	3003	半鋼	26.0	100	36	14,820	2,780	3,894	9,000	ND-7	860	2,000	AL		MB-172	37.3
		3004														MT-60	
		3005														MB-172	
ト	51	751		5.81	10 t		6,293	2,417	2,023				3,000				

モハ3000形3004号。正面は原形に近い外観であったが。側窓枠はアルミサッシ化されていた。
1980.5.4　小松　P：寺田裕一

◯無蓋貨車

■ト形（1～3）

開業に合わせて1928（昭和３）年10月20日車輌購入認可申請・12月17日認可・1929年４月26日竣工届で登場した。自重5.81t、積載重量10tであった。1945（昭和20）年７月に北陸鉄道小松線となっても旧番のままであったが、1949（昭和24）年10月１日の一斉大改番でト751～753となったと思われる。貨物はさほど多くなかったことから、戦後の1950（昭和25）年に２輌が廃車となり、残る１輌は1978（昭和53）年まで車籍が残っていた。

モハ3000形3005号。事故復旧により５輌の中では外観が最も大きく変化している。　1979.4.28　小松　P：元木史昭

ト形751号。10t積の木造無蓋車。
1973.6.16　軽海　P：荻原俊夫

主電動機		制動					戸閉装置		自動連結器	暖房器	室内灯	全負荷時牽引力	全負荷時速度	製造会社		年月日	番号
数	ギヤ比	形式	制動弁	調圧機	圧縮機	手用	形式	数						台車	車体		
							EG-131										3001
							TK-4D			(大光4.5)							3002
4	65/16	SME	M-18	S-16	DH-25	2	EG-111E	4	柴田式		白	1,672	32.7	日車	日鉄	S.24.5	3003
							TK-4D										3004
							TK-4D										3005
															新潟	S.3.9	751

（　）内は予定

■白山電気鉄道→小松電気鉄道→北陸鉄道小松線　輸送量および収入の推移(昭和32年～51年度は線区別表記なし)

年度	定期旅客(千人)		定期外旅客(千人)	旅客計(千人)	荷物(t)	貨物(t)			輸送密度(人/km日)	営業収入(千円)						営業費(千円)	営業損益(千円)	年度末車輌数(輌)					鉄道従業員(人)					列車走行距離(千キロ)			
	通勤	通学				小口扱	車扱	計		旅客	荷物	郵便物	貨物	運輸雑収	計			電動客車	客車	有蓋貨車	無蓋貨車	計	本社	運輸・車輌	土木	電気	計	旅客	貨物	混合	計
昭和 4				202	5	106	107	213	429	19	0	-	0.3	0	19	23	▲4	3		2	3	8	4	8	4	6	22	-	-	63	63
昭和 5				193	8	162	125	287	368	18	0	0.2	0.3	0	19	23	▲4	3		2	3	8	6	8	4	6	24	-	-	75	75
昭和 6				180	6	223	277	500	341	17	0	0.2	0.5	0	18	19	▲1	3		2	3	8	4	8	3	5	20	-	-	75	75
昭和 7				164	5	281	225	506	313	16	0	0.2	0.5	0	17	15	2	3		2	3	8	2	9	4	6	21	-	-	74	74
昭和 8				201	6	311	1,546	1,857	377	19	0	0.2	1.1	0.1	20	17	3	3		2	3	8	1	8	4	6	19	-	-	77	77
昭和 9				216	8	314	1,903	2,217	399	20	0	0.2	1.3	0.8	22	21	1	3		2	3	8	1	8	4	7	20	-	-	78	78
昭和10				250	6	427	121	548	475	23	0	0.2	0.7	*	*	*	*	3		2	3	8	*	*	*	*	*	-	-	83	83
昭和11				123	3	-	-	-	460	11	0	0.1	1	0.7	12	11	1	3		2	3	8	1	10	4	7	22	-	-	41	41
昭和12				352	8	479	17,368	17,847	559	31	0	0.3	6	30	67	65	2	3		2	3	8	1	13	4	3	21	18	-	85	103
昭和13				359	7	426	1,042	1,468	717	29	0	0.2	1	2	33	28	5	3		2	3	8	1	13	4	3	21	50	-	36	86
昭和14				450	7	544	196	740	867	36	0	0.2	1	*	*	3	*	3		2	3	8	*	*	*	*	*	53	-	35	89
昭和15				509	9	505	90	595	1,012	40	0	0.2	0.8	3	45	44	1	3		2	3	8	2	10	2	6	20	35	-	57	92
昭和16				573	13	677	93	770	1,108	45	0.1	0.3	1	16	63	39	23	3		2	3	8	2	11	2	7	22	69	-	18	87
昭和17				706	15	730	21,656	22,386	1,393	52	0.2	0.3	13	0.7	67	55	12	3		2	3	8	2	11	11	4	23	90	-	9	99
昭和18				797	23	437	5,126	5,563	1,587	66	0.2	0.3	4					3		2	3	8						90	-	6	96
昭和20				1,060	-	188	6,018	6,206		756	-	0.1	7	-																	
昭和22				1,722	118	238	350	588	3,510	1,845	56	12	46	-				3	-	2	3	8									
昭和23				1,364	48	127	150	277	2,775	4,885	64	78	94	113				3	1	2	3	9									
昭和24	717		567	1,284	22	102	0	102	2,565	6,462	65	96	142	181				3	1	2	3	9									
昭和25	778		524	1,302	19	62	-	62	2,550	7,553	66	82	91	-				3	3	1	1	8									
昭和26	805		519	1,324	23	78	-	78	2,553	8,067	77	83	94					4	3	1	1	8						-	-	127	127
昭和27	874		370	1,244	17	54	-	54	2,398	9,592	68	87	85	36	9,869			4	3	1	1	9						-	-	103	103
昭和28	820		362	1,182	20	50	-	50	2,349	10,234	75	71	81	43	10,504													-	-	98	98
昭和29	760		348	1,108	20	61	-	61	2,201	9,682	80	70	77	43	9,952													-	-	98	98
昭和30	761		352	1,113	28	57	-	57	2,214	9,681	82	71	75	51	9,960													-	-	99	99
昭和31	809		325	1,134	32	54	-	54	2,259	11,528	96	86	74	49	11,833													-	-	99	99
～																															
昭和52	260	435	357	1,053	-	-	-	-	1,782	78,865	27	-	-	661	79,554													100	-	-	100
昭和53	293	418	327	1,039	-	-	-	-	1,784	85,093	32	-	-	770	85,896													100	-	-	100
昭和54	212	351	336	900	-	-	-	-	1,591	88,525	35	-	-	842	89,403													100	-	-	100
昭和55	177	298	342	819	-	-	-	-	1,456	83,069	47	-	-	1,049	84,166													100	-	-	100
昭和56	156	274	313	744	-	-	-	-	1,321	74,948	55	-	-	1,507	76,511													100	-	-	100
昭和57	132	250	291	652	-	-	-	-	1,162	66,704	64	-	-	1,108	67,876													99	-	-	99
昭和58	121	212	290	623	-	-	-	-	1,094	71,415	61	-	-	858	72,335													96	-	-	96
昭和59	100	191	242	533	-	-	-	-	950	67,175	78	-	-	1,219	68,471													96	-	-	96
昭和60	82	211	256	549	-	-	-	-	961	73,071	82	-	-	984	74,137													84	-	-	84
昭和61	11	26	50	87	-	-	-	-	992	13,522	-	-	-	200	13,722													14	-	-	14

*：報告書未着

■車輌履歴表

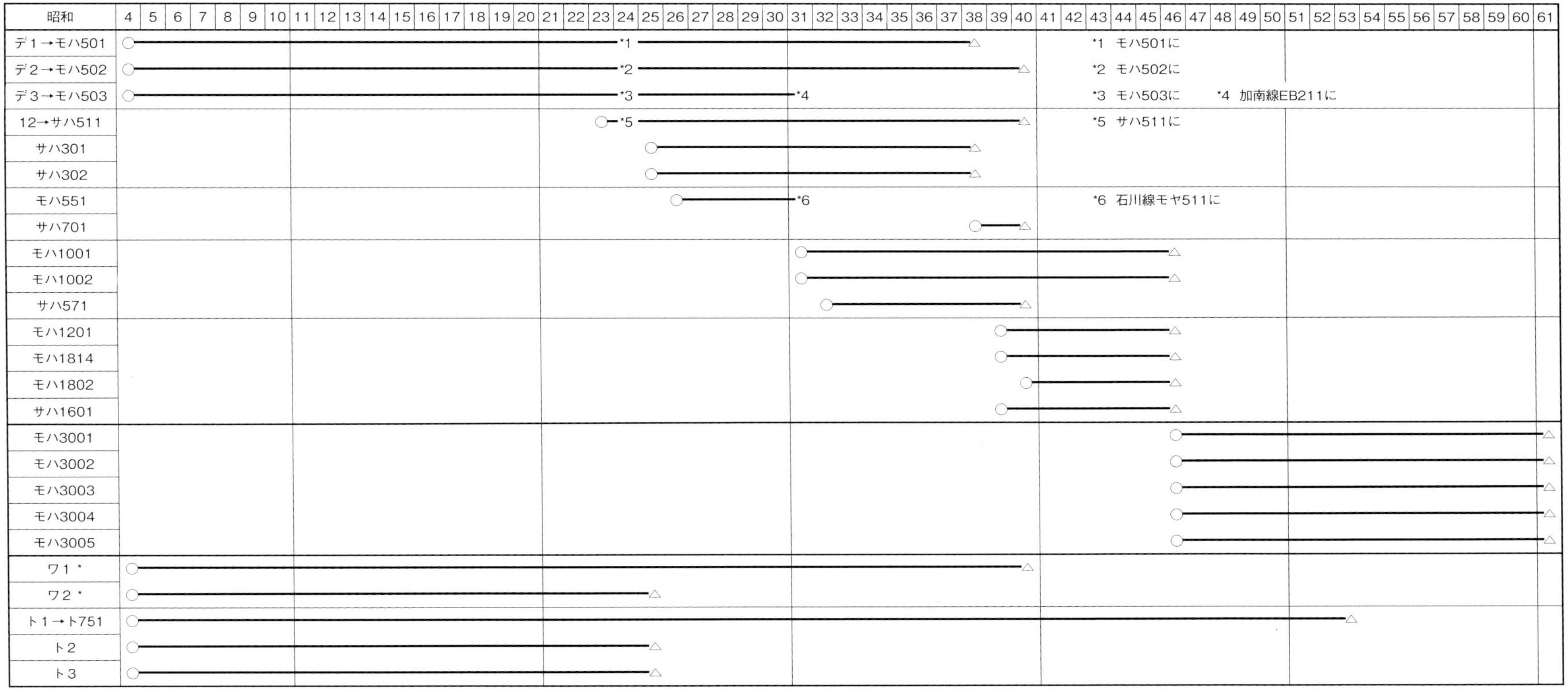

* ワ1とワ2は入れ替わっている可能性あり。

1986年5月31日、小松線営業最終日の小松駅からの普通乗車券。
提供：寺田裕一

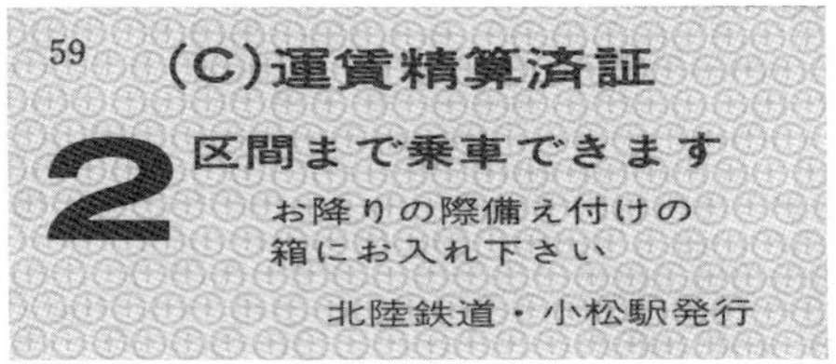

小松駅発行の運賃清算済証。
提供：寺田裕一

おわりに

1929(昭和４)年５月15日、白山電気鉄道小松～遊泉寺間5.9km開業。1986(昭和61)年６月１日、北陸鉄道小松線小松～鵜川遊泉寺間5.9km廃止。昭和の時代の63年間余りのうちの57年間を走り続けた平坦な短距離路線。途中の加賀八幡でのスタフと通票の交換風景は当時としては見慣れた光景で、終点の鵜川遊泉寺の手前の梯川橋梁が唯一ともいえるアクセントであった。終点の鵜川遊泉寺の線路止めの先に築堤が伸びていたのが気になったが、工事途中で止まった未成線もそう珍しいものではなかった。

小松の地は、尾小屋鉄道の訪問のために幾度ともなく立ち寄った。多くの人がそうであったように小松の地に降り立っても足は尾小屋鉄道の新小松駅に向かい、連絡通路で結ばれている北陸鉄道小松線にはあまり足が向かわなかった。当時はそれほどに魅力的なローカル私鉄が溢れていた。ただ、尾小屋鉄道の本社で見た開業前の平面路線図の「遊泉寺鉱山鐵道」の文字は、当時から気になる存在ではあった。

本書の発行を目指して国立公文書館に足を運ぶと、開業後ほどなく破産宣告を受けた事実に驚き、免許線の度重なる工事竣工期限延長願に閉口した。また、諸先輩方からご提供いただいた1960年代の写真を目にすると、小型車３輌編成に溢れんばかりの人が乗車している様は、地方にも人が沢山いて電車で通勤・通学していたことに微笑んでしまった。

2018年に北陸鉄道能美線・金名線をRMライブラリーで出版し、本書で実際に目にして乗車した北陸鉄道廃線路線は完結となる。また、私事で恐縮ではあるが、所属していた日本レイルファンクラブ(NRC)の廃線お別れヘッドマークは尾小屋鉄道で始まって、北陸鉄道小松線は後期の部類に入る。また、本書が共著ではない自身の単行本(ムックを含む)としては50冊目にあたる。まさか、北陸鉄道小松線を訪れたいた頃には、想像だにしていなかったことではあるが。

本書編集にご尽力をいただいた関係各位に御礼申し上げます。

寺田　裕一

参考文献

北陸鉄道の歩み(1974年 北陸鉄道)

昭和24・30年代の北陸鉄道の車輌/宮田雄作(レイル1980夏の号(1980年 プレスアイゼンバーン)に収録)

私鉄車両めぐり北陸鉄道／西脇恵(私鉄車両めぐり特輯第Ⅲ輯に収録／ 1982 鉄道図書刊行会)

内燃動車発達史(湯口 徹／ネコパブリッシング)

機関車表フル・コンプリート版DVDブック(沖田祐作／ネコパブリッシング)

地図で歩く廃線跡 (今尾惠介／二期出版/1998年)

遊泉寺銅山専用鉄道について(宮田憲誠／鉄道ピクトリアル701号に収録／ 2001年)

北陸鉄道小松線の未成線(山本宏之／鉄道ピクトリアル2012年1月号に収録／ 2000年)

本邦鉱業一斑・本邦重要鉱山要覧各年度(農商務省鉱山局他)

本邦鉱山の趨勢各年度(農商務省他)

新車年鑑各年度版(鉄道図書刊行会)

日本鉄道旅行地図帳6号(新潮社)

営業運転最終日の小松線。午後から運賃が無料になり、多くの地元の人たちで賑わった。
1986.5.31　佐々木　P：寺田裕一